主体的・対話的で
深い学びを実現する！

社会科授業ワーク大全 3・4年

授業のまとめ&
自主学習に
使える

朝倉 一民 著

明治図書

はじめに

前著『板書＆展開例でよくわかる 社会科授業づくりの教科書』シリーズでは各学年の毎時間の授業について，「主体的・対話的で深い学び」を実現する授業展開の実践例を板書画像も加えながら執筆することができました。おかげさまで，全国の多くの先生たちに手にとってもらえているようで嬉しく感じています。拙著を参考にしながら，全国の小学校社会科の授業がさらに改善していくことを願っています。

さて，本著ですが，前著の『社会科授業づくりの教科書』シリーズを受けて，主体的に学んだ子どもたちの知識の習得・定着を目指したものであります。

とは言っても，内容は穴埋め問題と記述問題です。そう珍しいわけではありません。しかし，求める答えはどの教科書にも登場する「重要語句」が基本となっています。問題文は，各時間の学ぶべき内容をコンパクトにまとめた文章となっております。そして，記述問題はその単元での社会的事象を多角的に考察し，問題解決した上で，社会への関わり方を選択・判断できる問いとなっております。つまり，前著で展開した「主体的・対話的で深い学び」を問い直す内容になっています。

私は社会科の授業について，問題解決の学習展開はどの地域でも意識的に行われていると思いますが，「問題を解く」といった活動はあまり行われていないような気がします。国語での漢字のミニテスト，算数での計算問題……これらと同じぐらい社会科も問題に取り組むことが必要だと考えています。なぜなら，社会科は「内容教科」であり，事実を知ること，事象の意味を理解することが重要だからです。

社会科は「暗記科目」ではありません。単語だけを覚えても，今年度から始まる新学習指導要領が明示する「資質・能力」を養うことにはならないでしょう。しかし，問題を解き，重要語句をアウトプットすることは，非常に主体的な学習になります。穴埋め問題を埋めるときは資料や前後の文脈から，学んだ知識を検索して答えを入力します。自然に頭の中で問い直しを行うことになるのです。

問題を解くと，脳内には「ドーパミン」（やる気物質）が分泌されるそうです。脳はさらにその快感を味わおうと問題を解く活動を「強化」するそうです。つまり，もっと問題を解きたくなるわけです。

ですから，この問題プリントをコピーして何度も，何度も取り組ませてほしいと思います。正答でも誤答でもかまいません。大切なことは解くことです。わからなかったら教科書を見てもよいです。とにかく何度も繰り返し，ドーパミンを分泌し，知識を習得してほしいと思います。私が考え抜いて作成した問題にどうぞ，挑戦してください。

朝倉一民

目次

3年 第1章 地図編 

3年 第2章 はたらく人編 

3年 第3章 くらしを守る編  

3年 第4章 市の移り変わり編 

第5章 都道府県編

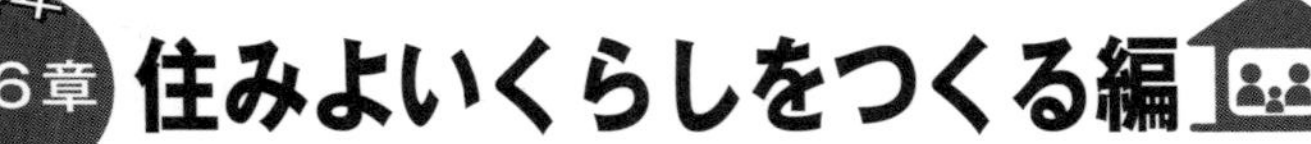

第6章 住みよいくらしをつくる編

第7章 自然災害から人々を守る編

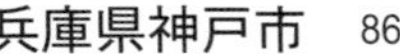

第8章 特色ある地域編

3・4年 第9章 図解編

第10章 付録編

※本文中のワークにつきまして，紙面の関係から，解答欄がやや狭くなっているものもございます。コピーして使用される際は，拡大してご活用いただければ幸いです。

本書のねらい

あえて「アクティブ・ラーニング」と言いますが，今年度から新学習指導要領が本格的に実施され，社会科の授業でも，子どもたちの「アクティブ・ラーニング」が見られるでしょう。

・自分なりに課題をつくって学習計画を立てる
・問題解決したことから新たな課題を見出す
・友達と対話して，自分の考えを広げていく
・問題を解決するために，インターネットや文献から情報を引き出し，取捨選択する
・社会的な見方・考え方を働かせ，自分の考えを構想したり，判断したりする

といった場面が増えていくと考えます。

ここで問題となるのが「評価」です。

評価というと先生たちのイメージとして，すぐに頭に浮かぶのは「通知表」ですね。保護者に発行する通知表作成のために，通知表作成時期になると，テストをしたり，まとめの新聞を評価したり，ノートを点検したりして，評価の材料を集める……それは保護者からのクレームに対応するためでもあります。そこに，昨今の「働き方改革」もあいまって，通知表の内容が形骸化し，評価が効率化され，悪い点をとらせないように，予め答えを配布する……など，なんだか教育の本質から離れたことになってはいないでしょうか？

そもそも，評価には「形成的評価」と「総括的評価」というものがあります。みなさんがイメージする「通知表」は後者になります。長い学期の学習のまとめとして，全体を通して，どこがよくて，どこが苦手だったのかを判断する評価です。同時にそれは次へのステップとなるものでなければいけません。

一方で「指導と評価の一体化」という言葉が，学習指導要領にはもう何年も前から明示されています。この場合の評価は，短いスパンで子どもを見取り，学びの過程を修正し，成長させていくための評価です。つまり前者の「形成的評価」ということになります。

冒頭にお話しした「アクティブ・ラーニング」における学習活動にはこの形成的評価が必要不可欠です。文科省は「多様な評価方法」ということで「学びの成果物やスピーチ，プレゼンテーション」といったものについて，ルーブリックと呼ばれる「評価基準」を作成し，繰り返し評価する「パフォーマンス評価」を推奨しています。その都度，評価を行うことで子どもたちの成長を促すことにつながります（「思考・判断・表現」の評価に適する）。

では，「知識・技能」の評価はどうでしょう？

「知識・技能」の評価も，昔から先生たちはミニテストを作成し何度も実施してきたはずです。しかし，いつの間にかその

ミニテストの平均点を集計して通知表に反映させたり，忙しさのあまりミニテストすら行わない……なんてこともあったりするのではないでしょうか？

「知識・技能」の評価も，形成的評価の視点が大切です。点数を平均化することは全く意味がありません。それでは，はじめはできなかった子がどんどん力をつけても，通知表には反映されないことになってしまいます。そして，子どもたちはどんどん間違いを恐れ，失敗に絶えられない特性をもってしまうのです。

今回，私が作成した，この「ワーク」は，子どもたちが社会科の数多くの「知識」を多角的な見方・考え方で解く内容になっています。教科書には出てこない「難問」も用意しています。さらに，自分の考えを記述する問題も用意しました。そう簡単には解けないかもしれません。でも，それでいいと思っています。私はこのワークで子どもたちにどんどん間違ってほしいです。そして，何回も挑戦してほしいと思っています。何度もくりかえすことで知識を習得することを願っています。ですから，このワークを活用する先生たちにお願いです。決して，通知表の材料にしないでください。総括的評価ではなく，形成的評価のために活用してほしいと願っています。間違う楽しさとわかる楽しさを子どもたちに体感してもらいたいです。

巻末には，「自己採点シート」も準備しました。問題に何度も挑戦し，得点を記入して自分の学びの過程をメタ認知してほしいです。

また，「問題づくりシート」も準備しました。問題を解くことの楽しさを知ったら，きっと自分たちでも問題をつくりたくなるはずです。簡単な問題，難問，おもしろ問題，穴埋め問題，選択問題，記述問題……何でもよいです。問題を作成する力は「アクティブ・ラーニング」に他なりません。答えを何にするか？　選択肢をどうするか？　間違えやすい問題にするには？　ひっかけ問題は？　と考え，問題を通して表現する学びは，かなりの高度な思考スキルを要します。

中を開くとわかるように，本書は上側に「ワーク」があり，下側に解答を記しました。ワークの最下段には，ヒントということで「選択肢」を置いていますが，必要に応じて折るなどしてふせて取り組むようにしてもかまいません。ただ，3・4年生ですから自分で採点ができるように解答も渡してあげてください。わからない問題があったら，教科書を読むことが大切です。それでもわからなければ，解答を見ましょう。

授業中に取り組んでも，宿題プリントとしてもたせてもかまいません。ただ，力をつけるための「ワーク」として扱ってくれれば幸いです。

ワークに取り組む上での約束～7か条～

① まずは何も見ずに取り組みましょう

② 問題文は必ず読みましょう

③ わからない問題は，とばしましょう

④ 教科書を見ながら取り組んでもかまいません

⑤ 終わったら自分で丸つけをしましょう

⑥ 正答数は自己採点シートに記入しましょう

⑦ 何度も取り組みましょう

新学習指導要領対応です。新教科書と同じ単元配列になっています。

資料画像は私自身が全国を取材したものを多く使用しています。ぜひ，御覧ください。

3年社会科ワークNo.11（消防の仕事②）

消防の仕事まるわかりワーク②

消防署は地域の人々と協力して火災の防止に努めていることを理解しよう

名前

❶覚えよう！

火災が発生し119番通報がされると（1　　　）につながります。どこで火事が起きたのかを聞き出し各所に連絡します。そして現場に近い（2　　　）から消防車を出動させます。

❷覚えよう！

（1 ）から連絡がきた（2 ）はただちに出動の準備をします。消防士が出動するまでの時間は（3　　）分です。現場まではサイレンを鳴らし赤色灯をつけて（4　　）分以内に到着します。

❸覚えよう！

（1 ）が連絡するのは（2 ）だけではありません。現場にけが人がいることが考えられるので救急車を出し（5　　　）に連絡します。また現場を整理するために（6　　　）にも連絡します。

❹覚えよう！

さらに消火の放水のために（7　　　）にも連絡します。（8　　　）がもれると爆発が起きるので（8 ）会社にも連絡します。切れた電線は危険なので（9　　　）会社にも連絡します。

❺考えよう？

消火活動は消防士だけでなく各地域に（10　　　）が組織されています。火事，風，地震など……救助の活動をします。ふだんは別の（11　　　）をしています。

❻考えよう？

（10 ）は消火や救助のために使う道具を各地域の（12　　　）に保管しています。消防ポンプやホース，毛布や担架などを保管し定期的に（13　　　）しています。

❼考えよう？

（10 ）はふだんはそれぞれの仕事をしていますが，休日などを利用して地域のために（14　　　）をしています。防火衣を着て，放水などの（14 ）を行っています。

❽考えよう？ 難

日本の歴史的な建造物はほとんど木造建築であるため火事はとりかえしがつきません。特に大切な建造物付近にはスプリンクラーや（15　　　）が設置されています。

❾考えよう？

地域には消火栓の他にも，（16　　　）や避難場所などの施設が設置されています。場所や数，大きさなどを工夫しています。住民みんなで地域を守ることが大切です。

❿チャレンジ✓

17）火災予防運動に子どもたちも参加しています。なぜでしょう？

ヒント　放水銃／ガス／消防署／防火水槽／病院／水道局／通信指令室／1／消防団／5／倉庫／点検／警察署／訓練／電力／仕事

問題文はしっかりと読ませてください。事象をわかりやすく説明しています。

数字横の 覚えよう！ 考えよう？ は問題の種別です。覚えよう！ は基礎的問題，考えよう？ は応用的問題です。

小学生には少し難しい問題を用意しました。教科書だけにとどまらず広い知識を身につけさせましょう。

ヒント は解答の選択肢になっています。必要に応じて，解答をふせて活用してください。最終的にはヒントなしでできることが大切です。

チャレンジ✓ は記述問題です。記述問題は，社会的事象を多角的に考察し，社会への関わり方を選択・判断する問題です。空欄にせず，書く力をつけるようにしましょう。

わからない問題は教科書などで調べることも大事ですが，答えをすぐに見てもかまいません。

3年社会科ワークNo.11（消防の仕事②）

消防の仕事まるわかりワーク②

消防署は地域の人々と協力して火災の防止に努めていることを理解しよう

解答 A

単元によって問題数が違うので100点満点ではありません。12／17というような表記をさせましょう。

自分で採点できるように指導しましょう。また，なるべく漢字で書くことができるように指導しましょう。

❶ 覚えよう！

火災が発生し119番通報がされると（1 **通信指令室**　　）につながります。どこで火事が起きたのかを聞き出し各所に連絡します。そして現場に近い（2 **消防署**　　）から消防車を出動させます。

❷ 覚えよう！

（1 ）から連絡がきた（2 ）はただちに出動の準備をします。消防士が出動するまでの時間は（3 **1**　　）分です。現場まではサイレンを鳴らし赤色灯をつけて（4 **5**　　）分以内に到着します。

❸ 覚えよう！

（1 ）が連絡するのは（2 ）だけではありません。現場にけが人がいることが考えられるので救急車を出し（5 **病院**　　）に連絡します。また現場を整理するために（6 **警察署**　　）にも連絡します。

❹ 覚えよう！

さらに消火の放水のために（7 **水道局**）にも連絡します。（8 **ガス**　　）がもれると爆発が起きるので（8 ）会社にも連絡します。切れた電線は危険なので（9 **電力**　　）会社にも連絡します。

❺ 考えよう？

消火活動は消防士だけでなく各地域に（10 **消防団**　　）が組織されています。火事，台風，地震などが発生したときは消火や救助の活動をします。ふだんは別の（11 **仕事**　）をしています。

❻ 考えよう？

（10 ）は消火や救助のために使う道具を各地域の（12 **倉庫**　　）に保管しています。消防ポンプやホース，毛布や担架などを保管し定期的に（13 **点検**　　）しています。

❼ 考えよう？

（10 ）はふだんはそれぞれの仕事をしていますが，休日などを利用して地域のために（14 **訓練**　　）をしています。防火衣を着て，放水などの（14 ）を行っています。

❽ 考えよう？ 難

日本の歴史的な建造物はほとんど木造建築であるため火事はとりかえしがつきません。特に大切な建造物付近にはスプリンクラーや（15 **放水銃**）が設置されています。

❾ 考えよう？

地域には消火栓の他にも，（16 **防火水槽**　　）や避難場所などの施設が設置されています。場所や数，大きさなどを工夫しています。住民みんなで地域を守ることが大切です。

❿ チャレンジ

17）火災予防運動に子どもたちも参加しています。なぜでしょう？

子どものうちから防火や自衛の意識を高める。また，子どもが参加することで住民の意識を高めることにつながるから。

知っ得！ 昭和24年1月26日に法隆寺の金堂が炎上しました。このことを機に文化財保護法ができ，1月26日は文化財防火デーになりました。

知っ得！は，それぞれの単元の，豆知識的な情報を掲載しています。実はそれを理解することでもやもやしていることがスッキリすることも。

チャレンジの解答は模範解答です。それぞれの子どもたちの解答を価値づけてあげてください。

3年

第１章

地図編

今年度よりこれまで４年生からの配布であった「教科用図書　地図」（以下地図帳）が３年生からの配布になりました。「空間的な見方・考え方」の育成が，３年生でも重要視され，身近な地域から始まり，市町村の様子を学んでいく，子どもたちの空間的な視野が広がっていきます。

3年社会科ワークNo.01（地図記号）

地図記号まるわかりワーク

地図記号を覚(おぼ)えよう

名前

❶	❷	❸	❹	❺	❻	❼	❽	❾	❿
⓫	⓬	⓭	⓮	⓯	⓰	⓱	⓲	⓳	⓴
㉑	㉒	㉓	㉔	㉕	㉖	㉗	㉘	㉙	㉚
㉛	㉜	㉝	㉞	㉟	㊱	㊲	㊳	㊴方位	

ヒント　史跡／高校／灯台／消防署／警察署／郵便局／工場／神社／病院／保健所／寺院／発電所等／交番／官公署／市役所／図書館／南東／地方港／温泉／町村役場／博物館／城跡／老人ホーム／小中学校／風車／広葉樹林／畑／桑畑／茶畑／果樹園／荒地／針葉樹林／田／北／笹地／南／自然災害伝承碑／竹林／東／JR駅／西／北東／裁判所／南西／北西／噴火口

地図記号を覚(おぼ)えよう

解答 A

❶ 	❷ 	❸ 	❹ 	❺ 	❻ 	❼ 	❽ 	❾ 	❿ 
小中学校	高校	交番	警察署	消防署	郵便局	寺院	神社	病院	保健所
⓫ 	⓬ 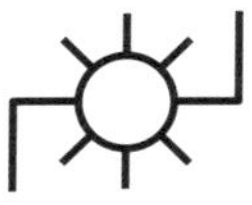	⓭ 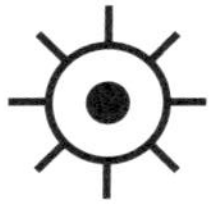	⓮ 	⓯ 	⓰ 	⓱ 	⓲ 	⓳ 	⓴ 
工場	発電所等	灯台	地方港	市役所	町村役場	裁判所	官公署	温泉	噴火口
㉑ 	㉒ 	㉓ 	㉔ 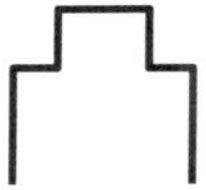	㉕ 	㉖ 	㉗	㉘ 	㉙ 	㉚ 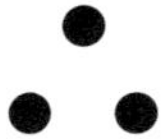
図書館	博物館	老人ホーム	城跡	史跡	風車	田	畑	果樹園	茶畑
㉛ 	㉜ 	㉝ 	㉞ 	㉟ 	㊱ 	㊲ 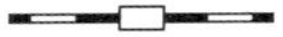	㊳ 	㊴方位 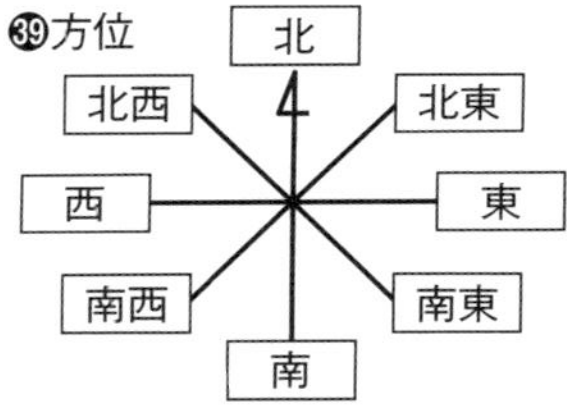	
桑畑	荒地	針葉樹林	広葉樹林	竹林	笹地	JR駅	自然災害伝承碑	北　北東　東　南東　南　南西　西　北西	

知っ得！ 地図記号は地形図図式にもとづいています。風車や老人ホームは平成18年に誕生し，令和元年には「自然災害伝承碑」が誕生しました。

地図の標高について理解しよう

名前

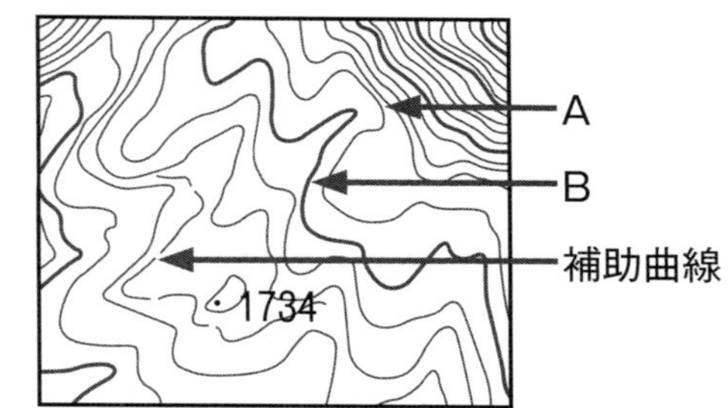

地面には起伏があります。この起伏をあらわすのが（1　　　　）です。同じ高さの地点を結んだ線を言います。25,000分の1の図では，10mごとに引く線を（A　　　　），50mごとに引く線を（B　　　　）と言い，（A ）だけではわかりにくい場合に5mや2.5mごとに引く線を補助曲線と言います。

・標高の地点まで垂線をおろし，標高線と交わったところに印をつけて，それを結ぶと（2　　　　）になります。

（1 ）の間隔がせまいところは傾斜が（3　）になっていることがわかります。

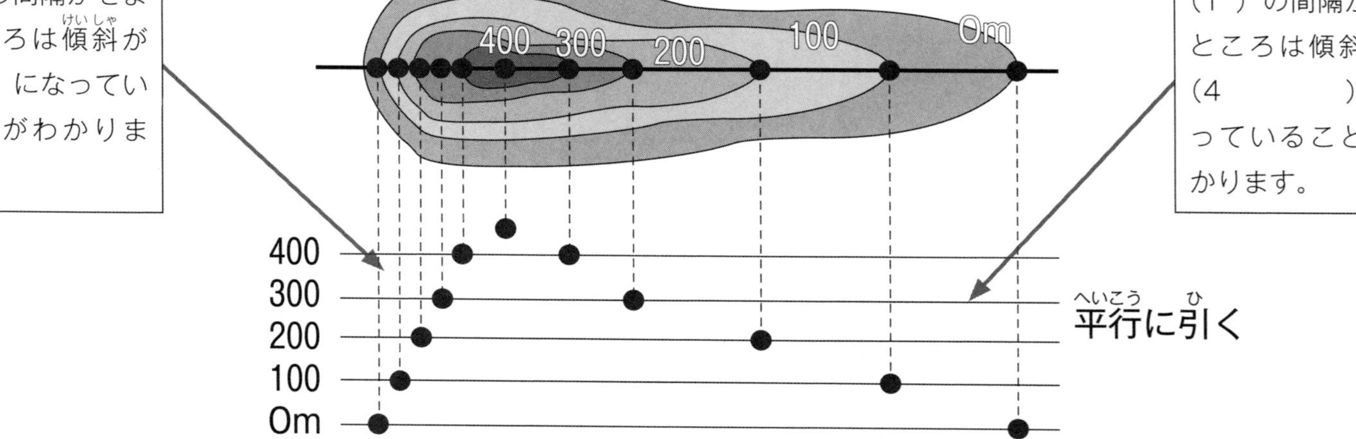

（1 ）の間隔が広いところは傾斜が（4　　　　）になっていることがわかります。

地図の標高について理解しよう

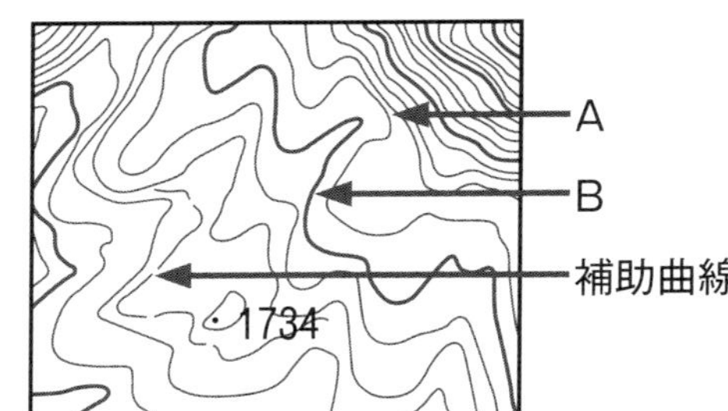

地面には起伏があります。この起伏をあらわすのが（1 **等高線**）です。同じ高さの地点を結んだ線を言います。25,000分の1の図では，10m ごとに引く線を（A **主曲線**），50m ごとに引く線を（B **計曲線**）と言い，（A ）だけではわかりにくい場合に5m や2.5m ごとに引く線を補助曲線と言います。

・標高の地点まで垂線をおろし，標高線と交わったところに印をつけて，それを結ぶと（2 **断面図**）になります。

（1 ）の間隔がせまいところは傾斜が（3 **急**）になっていることがわかります。

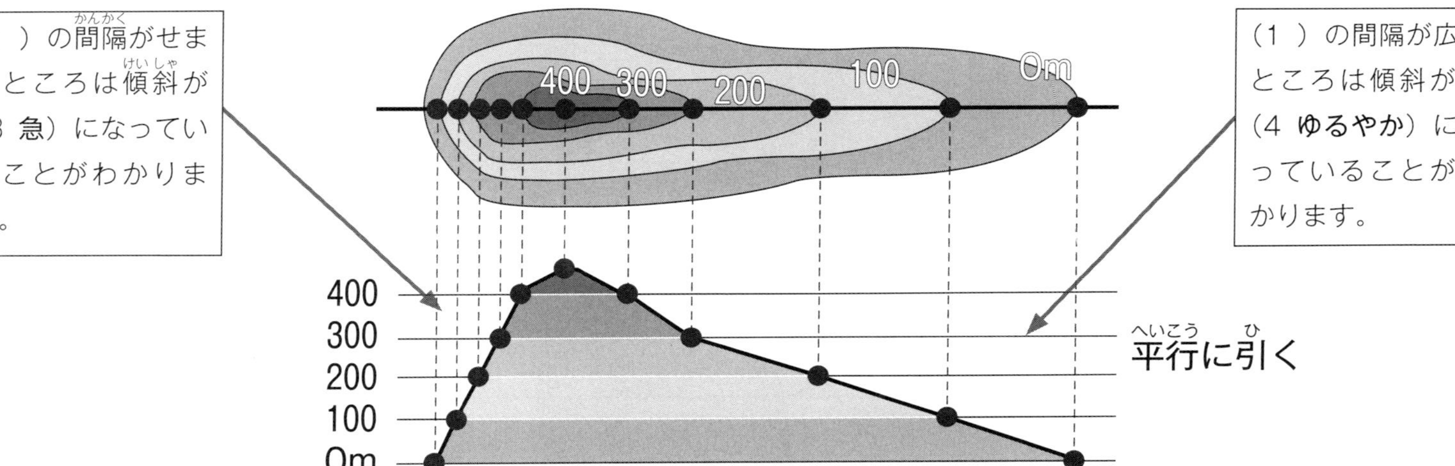

（1 ）の間隔が広いところは傾斜が（4 **ゆるやか**）になっていることがわかります。

3年社会科ワークNo.03（町の様子）

町の様子まるわかりワーク

町の様子を調べて特徴を見つけよう

名前

下の地図を見て，問題に答えましょう。

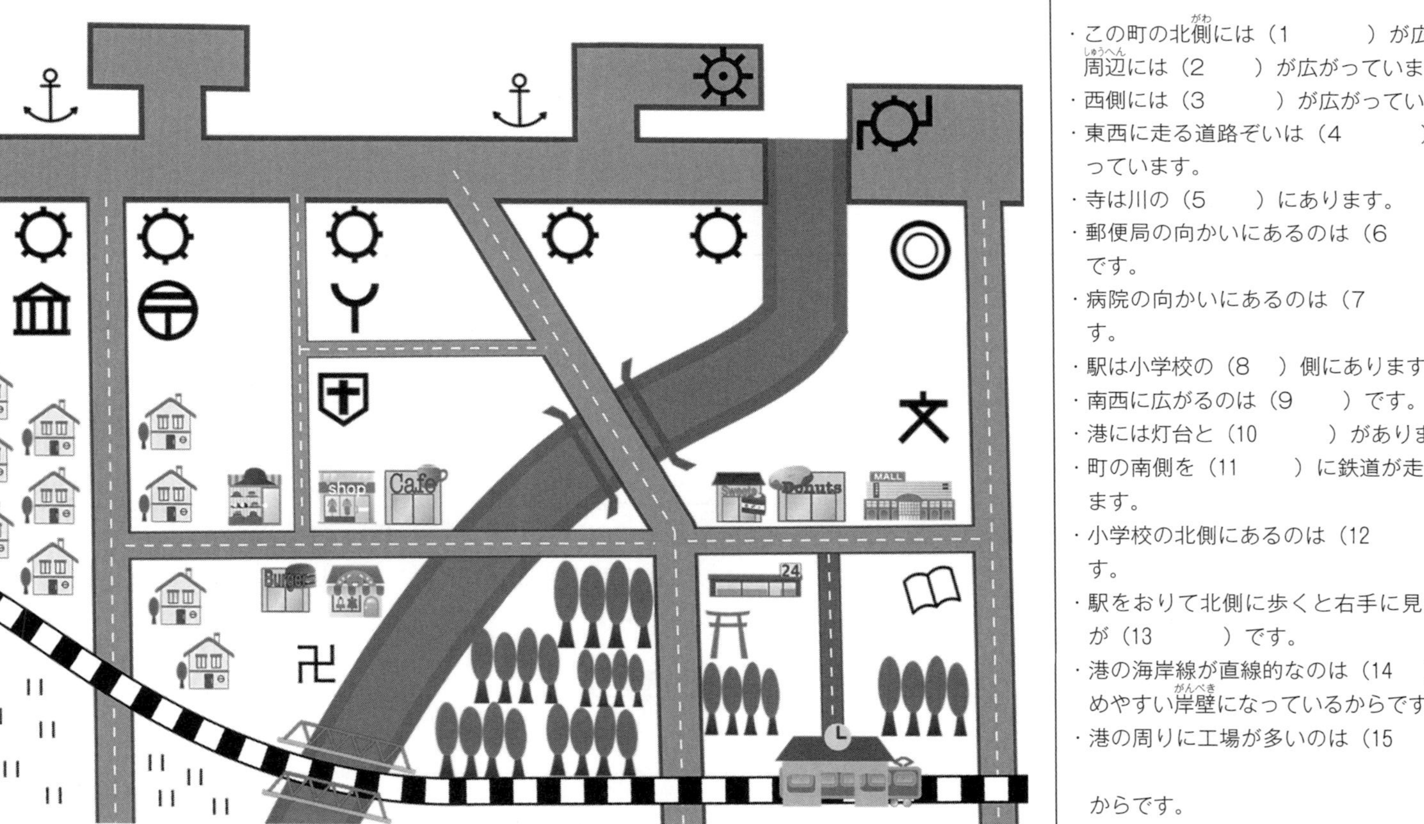

・この町の北側には（1　　　　）が広がり，周辺には（2　　　）が広がっています。
・西側には（3　　　　）が広がっています。
・東西に走る道路ぞいは（4　　　　）になっています。
・寺は川の（5　　　）にあります。
・郵便局の向かいにあるのは（6　　　　）です。
・病院の向かいにあるのは（7　　　　）です。
・駅は小学校の（8　）側にあります。
・南西に広がるのは（9　　　）です。
・港には灯台と（10　　　　）があります。
・町の南側を（11　　　）に鉄道が走っています。
・小学校の北側にあるのは（12　　　　）です。
・駅をおりて北側に歩くと右手に見えるのが（13　　　　）です。
・港の海岸線が直線的なのは（14　　）が停めやすい岸壁になっているからです。
・港の周りに工場が多いのは（15　　　　　　　　）からです。

町の様子を調べて特徴を見つけよう

解答A

下の地図を見て，問題に答えましょう。

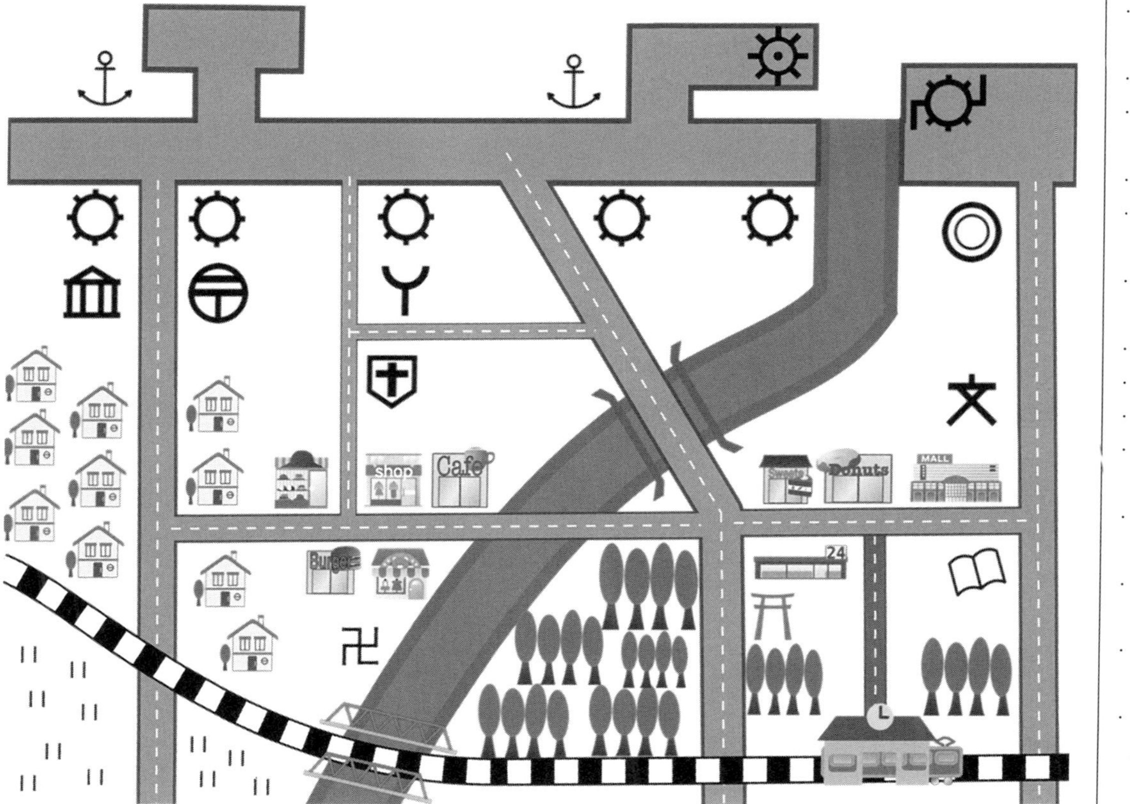

- この町の北側には（1 **港**　　）が広がり，周辺には（2 **工場**）が広がっています。
- 西側には（3 **住宅地**）が広がっています。
- 東西に走る道路ぞいは（4 **商店街**）になっています。
- 寺は川の（5 **上流**）にあります。
- 郵便局の向かいにあるのは（6 **博物館**）です。
- 病院の向かいにあるのは（7 **消防署**）です。
- 駅は小学校の（8 **南**）側にあります。
- 南西に広がるのは（9 **水田**）です。
- 港には灯台と（10 **発電所**）があります。
- 町の南側を（11 **東西**）に鉄道が走っています。
- 小学校の北側にあるのは（12 **市役所**）です。
- 駅をおりて北側に歩くと右手に見えるのが（13 **図書館**）です。
- 港の海岸線が直線的なのは（14 **船**）が停めやすい岸壁になっているからです。
- 港の周りに工場が多いのは（15 **原料を仕入れたり，製品を出荷したりしやすい**）からです。

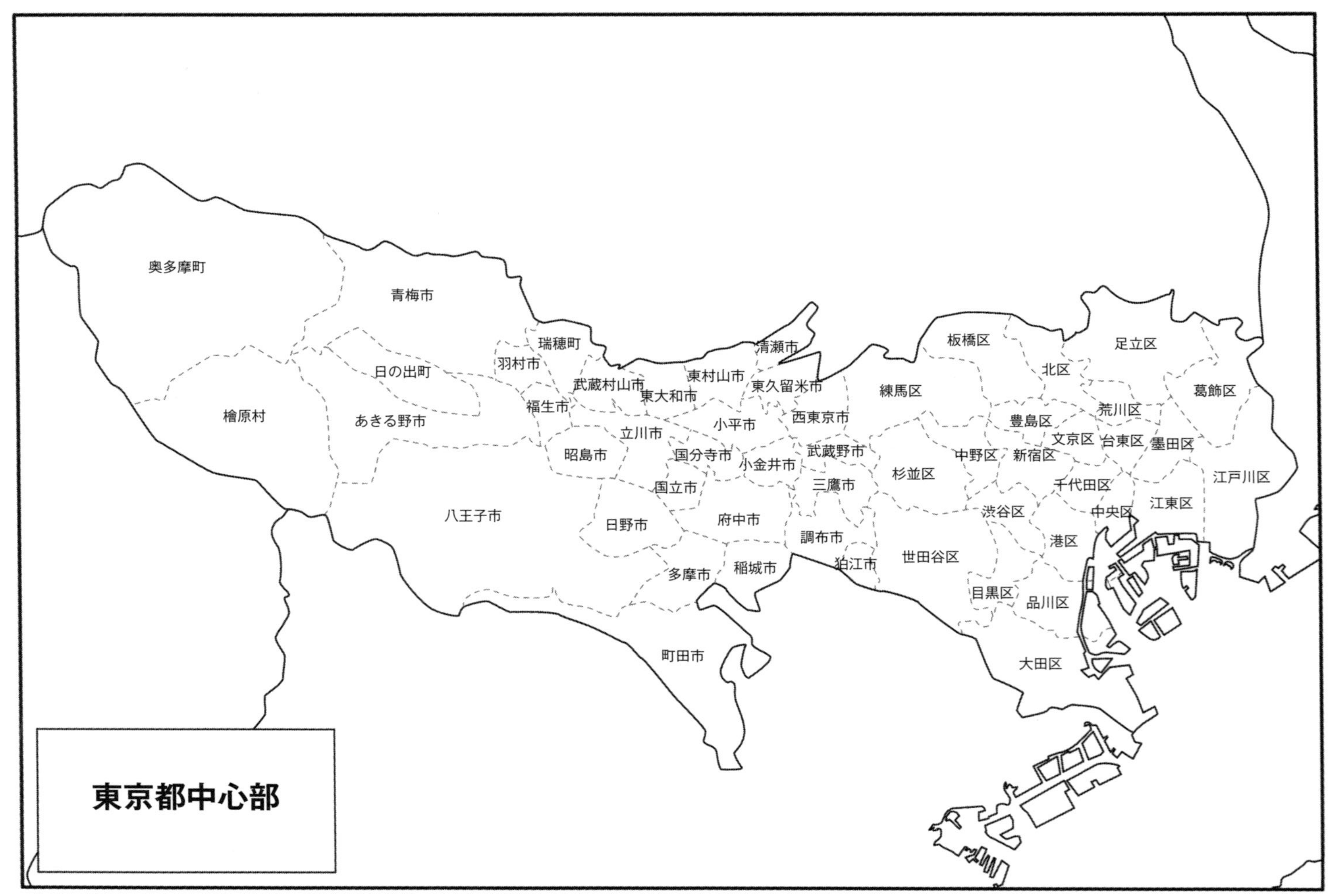
東京都中心部
奥多摩町
青梅市
檜原村
日の出町
あきる野市
八王子市
瑞穂町
羽村市
福生市
武蔵村山市
東大和市
東村山市
清瀬市
東久留米市
昭島市
立川市
小平市
西東京市
国分寺市
小金井市
武蔵野市
国立市
日野市
府中市
三鷹市
調布市
狛江市
多摩市
稲城市
町田市
練馬区
板橋区
北区
足立区
葛飾区
荒川区
豊島区
文京区
台東区
墨田区
中野区
新宿区
杉並区
千代田区
江戸川区
渋谷区
中央区
江東区
港区
世田谷区
目黒区
品川区
大田区

3年

第2章 はたらく人編

地域に見られる生産の仕事について，種類や産地の分布，仕事の工程などに着目して，生産に携わっている人々の仕事の様子を捉えるとともに，販売の仕事について消費者の願い，販売の仕方，他地域や外国との関わりなどに着目して，販売に携わっている人々の仕事の様子を捉えることが重要です。

3年社会科ワークNo.04（スーパーマーケット①）

スーパーマーケットまるわかりワーク①

販売に携わっている人々の工夫を見つけよう

名前

❶ 覚えよう！

食料品や日用品などはば広い品目の商品をそろえた店を（1　　　　　　）と言います。店には広い（2　　　　）があり少し遠いところからでも（3　　　　）でくることができます。

❷ 覚えよう！

店内は広くてたくさんの品物が（4　　　　　　）ごとに分かれてならんでいます。どこに品物が置いてあるかわかるように（5　　　　　　）が表示されています。

❸ 考えよう？

店内は壁際に（6　　　　）→（7　　）→（8　　）→パンといったように順番でならべられています。毎回買う必要がある商品を周囲に置きお店を（9　　　　）させるようにしています。

❹ 考えよう？

店内では店員さんがタブレットなどを使って品物の（10　　　　　　）を常に管理しています。コンピュータで売れ具合を調べ（11　　　　　　）する数を決めています。

❺ 考えよう？

品物が少なくなると，店員さんがすぐに（12　　　　）を使って新しい品物を補充します。補充する品物は店の奥の（13　　　　　　）から運び出してきます。

❻ 考えよう？

売り場の外側にもたくさんの店員さんがはたらいています。大きな肉のかたまりをお客さんが必要な量だけ買えるように，いろいろな（14　　　　）に切ったり，加工したりして売り場に出します。

❼ 考えよう？ 難

売り場ではお客さんに合わせた量の売り方をしたり，季節や旬の料理に合わせて調理に関連する品物を一緒に陳列するなどの工夫を行います。これを（15　　　　　　）と言います。

❽ 考えよう？

店の奥の（13 ）には数多くの品物が保管されています。野菜や果物，肉や魚などの産地は（16　　　　）に広がっており，季節に合わせた（17　　　　）のものを取り寄せています。

❾ 考えよう？

品物の中には，（18　　　　）から取り寄せているものもあります。例えばグレープフルーツは（19　　　　　　）や南アフリカなどから取り寄せることでいつでも売ることができるのです。

❿ チャレンジ✓

20）レジの近くにもいろいろな商品がならんでいます。どうしてでしょう？

ヒント　魚／駐車場／自動車／補充／形／種類／看板／スーパーマーケット／野菜・フルーツ／アメリカ／肉／一周／売れ行き／バックヤード／関連陳列／全国／旬／外国／コンピュータ

販売に携(たずさ)わっている人々の工夫(くふう)を見つけよう

解答A

❶ 覚えよう！

食料品や日用品などはば広い品目の商品をそろえた店を（1 **スーパーマーケット**）と言います。店には広い（2 **駐車場**）があり少し遠いところからでも（3 **自動車**）でくることができます。

❷ 覚えよう！

店内は広くてたくさんの品物が（4 **種類**　　　）ごとに分かれてならんでいます。どこに品物が置いてあるかわかるように（5 **看板**　　　）が表示されています。

❸ 考えよう？

店内は壁際に（6 **野菜・フルーツ**）→（7 **魚**）→（8 **肉**）→パンといったように順番(じゅんばん)でならべられています。毎回買う必要(ひつよう)がある商品を周囲(しゅうい)に置きお店を（9 **一周**　）させるようにしています。

❹ 考えよう？

店内では店員さんがタブレットなどを使って品物の（10 **売れ行き**　　）を常に管理(かんり)しています。コンピュータで売れ具合を調べ（11 **補充**　　　）する数を決めています。

❺ 考えよう？

品物が少なくなると，店員さんがすぐに（12 **コンピュータ**　）を使って新しい品物を補充(ほじゅう)します。補充する品物は店の奥の（13 **バックヤード**）から運び出してきます。

❻ 考えよう？

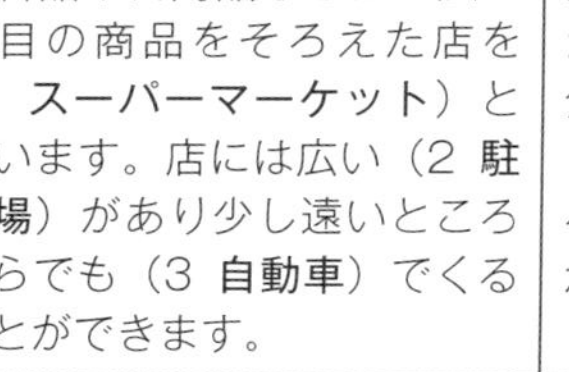

売り場の外側にもたくさんの店員さんがはたらいています。大きな肉のかたまりをお客さんが必要な量(りょう)だけ買えるように，いろいろな（14 **形**　　）に切ったり，加工したりして売り場に出します。

❼ 考えよう？ 難

売り場ではお客さんに合わせた量の売り方をしたり，季節(きせつ)や旬(しゅん)の料理に合わせて調理に関連(かんれん)する品物を一緒に陳列(ちんれつ)するなどの工夫を行います。これを（15 **関連陳列**　　　）と言います。

❽ 考えよう？

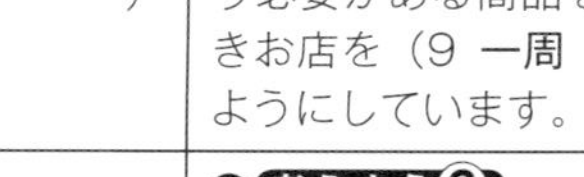

店の奥の（13 ）には数多くの品物が保管されています。野菜や果物，肉や魚などの産地は（16 **全国**　）に広がっており，季節に合わせた（17 **旬**　）のものを取り寄せています。

❾ 考えよう？

品物の中には，（18 **外国**）から取り寄せているものもあります。例えばグレープフルーツは（19 **アメリカ**　　）や南アフリカなどから取り寄せることでいつでも売ることができるのです。

❿ チャレンジ✓

20）レジの近くにもいろいろな商品がならんでいます。どうしてでしょう？

レジ横に商品があることで待っている間につい手にとってしまう。乾電池やゴミ袋，お菓子などを置くことで売り上げを上げている。

知っ得！ スーパー業界ではイオングループが第1位で，セブン＆アイ・HD（イトーヨーカドーなど）が第2位となっています。

3年社会科ワークNo.05（スーパーマーケット②）

スーパーマーケットまるわかりワーク②

販売に携わっている人々の工夫を見つけよう

名前

❶考えよう

スーパーマーケットでは様々な工夫をして商品を陳列しています。上の画像のように（1　　　　）でつくられたものを集めたコーナーをつくり地域の産業を応援しています。

❷考えよう

魚はさばくのがむずかしい商品です。そこで，売っている魚をお客さんの考える料理に合わせて，無料で（2　　　　），調理したりするサービスも行っています。

❸考えよう

品物の中には生産者の（3　　　　）が表示されているものがあります。お客さんが（4　　　　）して買い物ができるように工夫しています。

❹考えよう 難

お客さんの中には（5　　　　）で移動する人や，妊婦，高齢者もいます。どのような人も（6　　　　）に買い物ができるように手助けをしています。

❺考えよう

スーパーマーケットの入り口には牛乳パックや食品（7　　　　）を入れるリサイクルコーナーがあります。（8　　　　）を守るために地域に貢献しています。

❻考えよう

支払いは（9　　　　）で行いますが現在はクレジットカードや（10　　　　）などお客さんが様々な支払いの仕方をできるようになっています。

❼考えよう

品物には（11　　　　）と呼ばれるシールが貼られています。線がならべられた記号を（9）で読みとることで値段がわかり，また何がどのくらい売れたのかも記録されます。

❽考えよう

店舗によっては自分で会計ができる（12　　　　）が準備されています。自分で（11）を読み取らせることで短時間で会計を済ませることができます。

❾考えよう

環境のことを考え，レジ袋のごみを少なくするために，お客さんにできるだけ自分の（13　　　　）を持ってきてもらうように取り組んでいます。

❿チャレンジ

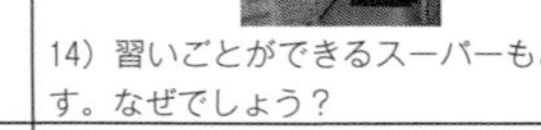

14）習いごとができるスーパーもあります。なぜでしょう？

ヒント　エコバッグ／バーコード／安心／トレー／環境／地元／顔写真／レジ／切ったり／セルフレジ／快適／車椅子／電子マネー

販売に携わっている人々の工夫を見つけよう

解答A

❶考えよう?

スーパーマーケットでは様々な工夫をして商品を陳列しています。上の画像のように（1 **地元**　　）でつくられたものを集めたコーナーをつくり地域の産業を応援しています。

❷考えよう?

魚はさばくのがむずかしい商品です。そこで，売っている魚をお客さんの考える料理に合わせて，無料で（2 **切ったり**　　），調理したりするサービスも行っています。

❸考えよう?

品物の中には生産者の（3 **顔写真**　　）が表示されているものがあります。お客さんが（4 **安心**　　）して買い物ができるように工夫しています。

❹考えよう?難

お客さんの中には（5 **車椅子**　　）で移動する人や，妊婦，高齢者もいます。どのような人も（6 **快適**　　）に買い物ができるように手助けをしています。

❺考えよう?

スーパーマーケットの入り口には牛乳パックや食品（7 **トレー**　　）を入れるリサイクルコーナーがあります。（8 **環境**　　）を守るために地域に貢献しています。

❻考えよう?

支払いは（9 **レジ**　　）で行いますが現在はクレジットカードや（10 **電子マネー**　　）などお客さんが様々な支払いの仕方をできるようになっています。

❼考えよう?

品物には（11 **バーコード**）と呼ばれるシールが貼られています。線がならべられた記号を（9 ）で読みとることで値段がわかり，また何がどのくらい売れたのかも記録されます。

❽考えよう?

店舗によっては自分で会計ができる（12 **セルフレジ**　　）が準備されています。
自分で（11 ）を読み取らせることで短時間で会計を済ませることができます。

❾考えよう?

環境のことを考え，レジ袋のごみを少なくするために，お客さんにできるだけ自分の（13 **エコバッグ**　　）を持ってきてもらうように取り組んでいます。

❿チャレンジ✓

14）習いごとができるスーパーもあります。なぜでしょう？

習い事の教室を併設することで，買い物客を増やすことや地域の人々が趣味や勉強を学ぶことに貢献しようとしている。

知っ得！ 容器包装リサイクル法の改正で2020年7月から，レジ袋はすべての小売店で有料化されました。

いろいろな店まるわかりワーク

お店にはどのようなものがあるか調べてまとめよう

名前

❶	❷	❸	❹	❺
（1　　　　　　　）はたくさんの種類の商品を販売しています。	（2　　　　　　　）の多くは年中無休で24時間営業です。	（3　　　　　　　）は歴史があり，お店同士が協力し合ってお客さんを集めています。	（4　　　　　　　）は多くの種類のお店があり長時間過ごすことができます。	（5　　　　　　　）は専門にしている品物があり，店員さんも詳しいです。
❻	❼	❽	❾	❿
（6　　　　　　　）は地下にある商店街で電車の駅と直結しています。	（7　　　　　　　）は歩いていくことができ，顔見知りなのでサービスもよいです。	（8　　　　　　　）は百貨店とも言われ，多くの分野の専門店が集まっています。	（9　　　　　　　）は外国からきたお店です。通常のスーパーにはないものもあります。	（10　　　　　　　）は医薬品を中心とした日用品，食品を売っています。
⓫	⓬	⓭	⓮	⓯
（11　　　　　　　）は原則として店内の商品がすべて100円のお店です。	（12　　　　　　　）は住宅関係や日用品が売られているお店です。	（13　　　　　　　）は自治体などが地元の商品を売るお店です。	（14　　　　　　　）は道路利用者が寄れる場所で地域のものが売られています。	（15　　　　　　　）は高速道路にあり地域物産が売られています。

ヒント　外資系スーパー／商店街／大型専門店／ホームセンター／コンビニエンスストア／地下街／近所の店／デパート／ドラッグストア／パーキングエリア／100円ショップ／アンテナショップ／スーパーマーケット／ショッピングモール／道の駅

お店にはどのようなものがあるか調べてまとめよう

解答A

(1 スーパーマーケット)はたくさんの種類の商品を販売しています。

(2 コンビニエンスストア)の多くは年中無休で24時間営業です。

(3 商店街)は歴史があり，お店同士が協力し合ってお客さんを集めています。

(4 ショッピングモール)は多くの種類のお店があり長時間過ごすことができます。

(5 大型専門店)は専門にしている品物があり，店員さんも詳しいです。

(6 地下街)は地下にある商店街で電車の駅と直結しています。

(7 近所の店)は歩いていくことができ，顔見知りなのでサービスもよいです。

(8 デパート)は百貨店とも言われ，多くの分野の専門店が集まっています。

(9 外資系スーパー)は外国からきたお店です。通常のスーパーにはないものもあります。

(10 ドラッグストア)は医薬品を中心とした日用品，食品を売っています。

(11 100円ショップ)は原則として店内の商品がすべて100円のお店です。

(12 ホームセンター)は住宅関係や日用品が売られているお店です。

(13 アンテナショップ)は自治体などが地元の商品を売るお店です。

(14 道の駅)は道路利用者が寄れる場所で地域のものが売られています。

(15 パーキングエリア)は高速道路にあり地域物産が売られています。

知っ得！ インターネット上には現在多くのお店があり，お店が集まるショッピングモールサイトには50万店以上のストアが登録されています。

生産に携わる人々の工夫を調べてまとめよう

名前

❶覚えよう！	❷覚えよう！	❸覚えよう！	❹覚えよう！	❺覚えよう！
野菜やくだもの，米などをつくることを仕事にしている人を（1　　　　）と言います。（1 ）の人たちは自然や作物の特徴に合わせて様々な（2　　　　）をしています。	100年以上前からつくられている仙台のでんとう野菜に（3　　　　）ねぎがあります。作物を育てるときは（4　　　　）をとって，発芽させることから始まります。	発芽したねぎは大切に育てられ（5　　　　）としてある程度まで成長させます。成長した（5 ）は，（6　　　　）にきれいにならべて植えていきます。	（6 ）の土は，年に一度，たいひなどの（7　　　　）をまぜて土づくりをしたものです。たいひを入れると土が（8　　　　）を含んでおいしいねぎが育ちます。	（6 ）のねぎは土がもりあげられたところに植えられています。これを（9　　　　）と言います。（9 ）は水はけやはい水をよくするためにつくります。また土で隠れた部分が白くなっていきます。
❻覚えよう！	❼覚えよう！	❽覚えよう！難	❾覚えよう！	❿チャレンジ✓
育ってきたねぎに虫がついたり，病気になったりしないように（10　　　　）をまきます。しかし，かけすぎはよくないので年に3回ほどですむように工夫しています。	広い（6 ）を耕すのはとても重労働なので今では（11　　　　）と呼ばれる機械を使っています。その他に，種まきや，（9 ）をつくるのも機械でできるようになっています。	ぬいたねぎを（6 ）にねかせて根本に土をかけることを「やとい」と言います。こうすることでねぎが日光をもとめて上にのびようとし，だんだん（12　　　　）くるのがまがりねぎの特徴です。	雨が少ない時期になると，（13　　　　）で水をあたえます。冬の時期は寒さが厳しくなるので，あたたかい（14　　　　）の中で育てます。こうして1年中ねぎを育てています。	15）畑でとれたねぎはどのようなことに気をつけて箱づめしているでしょう。

ヒント　栄養／スプリンクラー／まがり／苗／農家／種／肥料／うね／農薬／工夫／トラクター／ビニールハウス／畑／曲がって

生産に携わる人々の工夫を調べてまとめよう

❶覚えよう！

野菜やくだもの，米などをつくることを仕事にしている人を（1 **農家**　　　）と言います。（1 ）の人たちは自然や作物の特徴に合わせて様々な（2 **工夫**　　　）をしています。

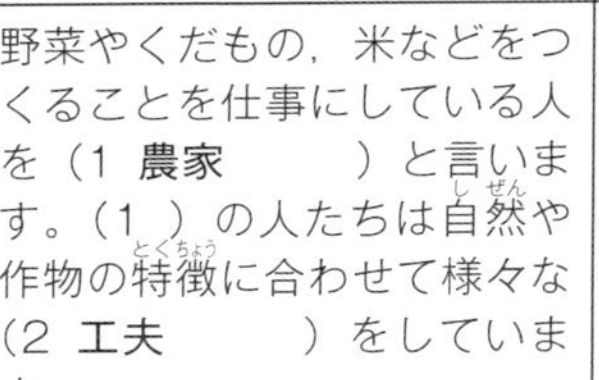

❷覚えよう！

100年以上前からつくられている仙台のでんとう野菜に（3 **まがり**　　　）ねぎがあります。作物を育てるときは（4 **種**　　　）をとって，発芽させることから始まります。

❸覚えよう！

発芽したねぎは大切に育てられ（5 **苗**　　　）としてある程度まで成長させます。成長した（5 ）は，（6 **畑**　）にきれいにならべて植えていきます。

❹覚えよう！

（6 ）の土は，年に一度，たいひなどの（7 **肥料**　　　）をまぜて土づくりをしたものです。たいひを入れると土が（8 **栄養**　　　）を含んでおいしいねぎが育ちます。

❺覚えよう！

（6 ）のねぎは土がもりあげられたところに植えられています。これを（9 **うね**　　）と言います。（9 ）は水はけやはい水をよくするためにつくります。また土で隠れた部分が白くなっていきます。

育ってきたねぎに虫がついたり，病気になったりしないように（10 **農薬**　　　）をまきます。しかし，かけすぎはよくないので年に3回ほどですむように工夫しています。

❼覚えよう！

広い（6 ）を耕すのはとても重労働なので今では（11 **トラクター**　　）と呼ばれる機械を使っています。その他に，種まきや，（9 ）をつくるのも機械でできるようになっています。

❽覚えよう！難

ぬいたねぎを（6 ）にねかせて根本に土をかけることを「やとい」と言います。こうすることでねぎが日光をもとめて上にのびようとし，だんだん（12 **曲がって**　　）くるのがまがりねぎの特徴です。

❾覚えよう！

雨が少ない時期になると，（13 **スプリンクラー**　）で水をあたえます。冬の時期は寒さが厳しくなるので　あたたかい（14 **ビニールハウス**　）の中で育てます。こうして1年中ねぎを育てています。

❿チャレンジ

15）畑でとれたねぎはどのようなことに気をつけて箱づめしているでしょう。

大切な商品が傷まないように，ていねいに皮をむき，一つひとつ大切に箱につめていく。

知っ得！　ねぎの生産量の第1位は千葉県，第2位は埼玉県，第3位は茨城県です。大都市東京に近いところでつくられています（2018年）。

3年社会科ワークNo.08（工場の仕事①）

工場の仕事まるわかりワーク

工場に携わる人々の工夫を調べてまとめよう

名前

❶ 覚えよう！

素材となる（1　　　　　　）を加工して，数多くの製品をつくる場所を（2　　　　　）と言います。身の回りにはたくさんの製品がありますが，食品も（2 ）で加工されています。

❷ 覚えよう！

ラーメン（2 ）では小麦を加工してラーメンの麺をつくっています。小麦はおもにアメリカ，カナダ，オーストラリアなどの（3　　　　）から輸入し，タンクに保管しています。

❸ 覚えよう！

一度にたくさんの製品を間違いなくつくるために（2 ）では（4　　　　）を活用しています。大量の小麦を練ったり，薄くのばしたり，同じ長さに切ったりを（5　　　）に行います。

❹ 覚えよう！

すべての作業を（4 ）が行っているわけではありません。麺を取り出し計量する際には一つひとつ丁寧に従業員が（6　　　　　　）で行っています。

❺ 考えよう？

できた製品に麺以外のものが混ざっていないか，（4 ）で確認した後も（7　　　　　）で一つずつ確認します。お客さんに（8　　　　）で安心できる商品をつくっています。

❻ 考えよう？ 難

包装は商品ごとに（4 ）で行います。たくさんのお客さんの（9　　　）に合わせて，麺の（10　　　　）を変えてたくさんの商品をつくっています。

❼ 考えよう？

完成した商品は，箱に入れて，（11　　　　）に送る準備をします。市内だけではなく，（12　　　）のスーパーやラーメン屋さんに届けています。

❽ 考えよう？

（2 ）ではたらいている人はみんな（13　　　　）などがついたらすぐわかるように白い服を着ています。また頭も顔もかくして，（14　　　）や汗が入らないように徹底しています。

❾ 考えよう？

完成して箱づめされた商品は冷蔵（15　　　　　）にのせて出荷します。運ぶときは事故を起こさないように（16　　　　　）に心がけています。遠くへは（17　　　）道路を利用します。

❿ チャレンジ✓

18）工場の周囲にはJRや高速道路が通っています。なぜでしょうか。

ヒント　種類／機械／人の目／原料／安全運転／好み／髪の毛／手作業／お店／工場／全国／外国／正確／ほこり／安全／トラック／高速

3年社会科ワークNo.08（工場の仕事①）

工場の仕事まるわかりワーク

工場に携わる人々の工夫を調べてまとめよう

解答 A

❶ 覚えよう！

素材となる（1 **原料**　　　）を加工して，数多くの製品をつくる場所を（2 **工場**　　）と言います。身の回りにはたくさんの製品がありますが，食品も（2 ）で加工されています。

❷ 覚えよう！

ラーメン（2 ）では小麦を加工してラーメンの麺をつくっています。小麦はおもにアメリカ，カナダ，オーストラリアなどの（3 **外国**　　）から輸入し，タンクに保管しています。

❸ 覚えよう！

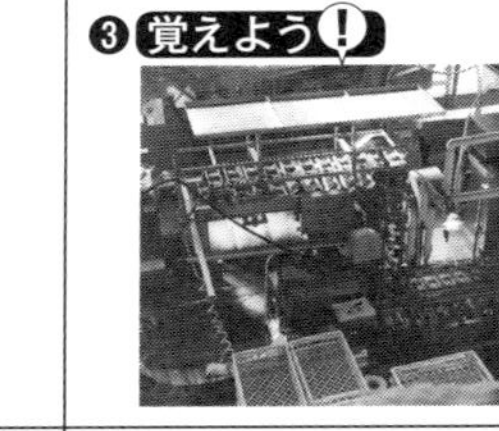

一度にたくさんの製品を間違いなくつくるために（2 ）では（4 **機械**　　）を活用しています。大量の小麦を練ったり，薄くのばしたり，同じ長さに切ったりを（5 **正確**　）に行います。

❹ 覚えよう！

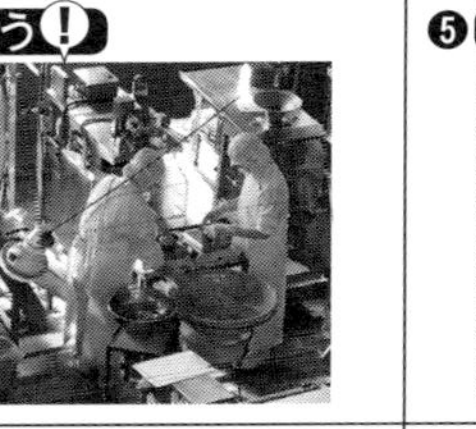

すべての作業を（4 ）が行っているわけではありません。麺を取り出し計量する際には一つひとつ丁寧に従業員が（6 **手作業**　　　　）で行っています。

❺ 考えよう？

できた製品に麺以外のものが混ざっていないか，（4 ）で確認した後も（7 **人の目**　）で一つずつ確認します。お客さんに（8 **安全**　　）で安心できる商品をつくっています。

❻ 考えよう？ 難

包装は商品ごとに（4 ）で行います。たくさんのお客さんの（9 **好み**　）に合わせて，麺の（10 **種類**　　）を変えてたくさんの商品をつくっています。

❼ 考えよう？

完成した商品は，箱に入れて，（11 **お店**　　）に送る準備をします。市内だけではなく，（12 **全国**　）のスーパーやラーメン屋さんに届けています。

❽ 考えよう？

（2 ）ではたらいている人はみんな（13 **ほこり**　）などがついたらすぐわかるように白い服を着ています。また頭も顔もかくして，（14 **髪の毛**　）や汗が入らないように徹底しています。

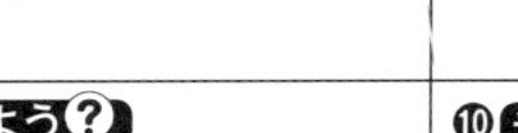

❾ 考えよう？

完成して箱づめされた商品は冷蔵（15 **トラック**　　　　）にのせて出荷します。運ぶときは事故を起こさないように（16 **安全運転**　　）に心がけています。遠くへは（17 **高速**　　）道路を利用します。

❿ チャレンジ✓

18）工場の周囲には JR や高速道路が通っています。なぜでしょうか。

工場からすぐに遠くへ輸送ができるように，交通の便がいいところに立地している。

知っ得！ 食品工場では5S を導入して安全性を守っています。それは「整理」「整頓」「清掃」「清潔」「しつけ」です。

工場に携わる人々の工夫を調べてまとめよう

名前

❶覚えよう！	❷覚えよう！	❸覚えよう！難	❹考えよう？	❺考えよう？
かまぼこは（1　　　　）などの白身魚を原料としています。魚肉に調味料を加えて機械を使って丹念に練り合わせます。機械を使うことで一度に（2　　　　）につくることができます。	練った魚肉を一つひとつていねいにちぎり，（3　　）を使って成型していきます。その際に中に入れるものも入れていきます。	かまぼこに昆布を巻くタイプは，昆布の上に魚肉を（4　　　）を使ってのばし一緒に巻いていきます。一つひとつ手際よくつくるためには熟練の（5　　　　）が必要です。	作業員は常に（6　　　　）面に気を使っています。全身（7　　　）制服で汚れが目立つようにし，また定期的に（8　　　　）やほこりのチェックをします。	かまぼこは日本で古くからある（9　　　　　）な加工品です。紅白に色づけし，お正月などの祝いの場で必要とされます。
❻覚えよう！	❼考えよう？	❽覚えよう！	❾覚えよう！	❿考えよう？
オーブンで焼かれたラング・ド・シャがコンベアで列になって流れてきます。ここでチョコレートとラング・ド・シャを（10　　）でていねいにサンドします。	チョコレートをサンドしたラング・ド・シャがコンベアで流れてくると従業員が，製品に（11　　　　）などの異常がないかを検品します。	完成したお菓子「白い恋人」は一つひとつ機械で（12　　　　）されます。このときに，（13　　　　　）が印字されます。	「白い恋人」は（10　）で化粧箱につめられます。箱づめされた「白い恋人」は一つひとつ（10　）で（14　　　　）がないかチェックされます。	チョコレートをサンドしたラング・ド・シャ「白い恋人」は北海道を代表するお菓子です。（15　　　　）として多く買われています。

ヒント　包装／へら／技術／衛生／たら／白い／お土産／機械／ひび割れ／手／賞味期限／髪の毛／でんとう的／大量／異常

工場に携わる人々の工夫を調べてまとめよう

解答 A

❶ 覚えよう！

かまぼこは（1 **たら**　　　）などの白身魚を原料としています。魚肉に調味料を加えて機械を使って丹念に練り合わせます。機械を使うことで一度に（2 **大量**　　　）につくることができます。

❷ 覚えよう！

練った魚肉を一つひとつていねいにちぎり，（3 **手**　）を使って成型していきます。その際に中に入れるものも入れていきます。

❸ 覚えよう！ 難

かまぼこに昆布を巻くタイプは，昆布の上に魚肉を（4 **へら**　　　）を使ってのばし一緒に巻いていきます。一つひとつ手際よくつくるためには熟練の（5 **技術**　　　）が必要です。

❹ 考えよう？

作業員は常に（6 **衛生**　　）面に気を使っています。全身（7 **白い**　　）制服で汚れが目立つようにし，また定期的に（8 **髪の毛**　　）やほこりのチェックをします。

❺ 考えよう？

かまぼこは日本で古くからある（9 **でんとう的**　　　　）な加工品です。紅白に色づけし，お正月などの祝いの場で必要とされます。

❻ 覚えよう！

オーブンで焼かれたラング・ド・シャがコンベアで列になって流れてきます。ここでチョコレートとラング・ド・シャを（10 **機械**　）でていねいにサンドします。

❼ 考えよう？

チョコレートをサンドしたラング・ド・シャがコンベアで流れてくると従業員が，製品に（11 **ひび割れ**　　）などの異常がないかを検品します。

❽ 覚えよう！

完成したお菓子「白い恋人」は一つひとつ機械で（12 **包装**　　　）されます。このときに，（13 **賞味期限**　　）が印字されます。

❾ 覚えよう！

「白い恋人」は（10 ）で化粧箱につめられます。箱づめされた「白い恋人」は一つひとつ（10 ）で（14 **異常**　　）がないかチェックされます。

❿ 考えよう？

チョコレートをサンドしたラング・ド・シャ「白い恋人」は北海道を代表するお菓子です。（15 **お土産**　　）として多く買われています。

知っ得！ 上段の工場は小樽市の「かま栄」のかまぼこ製造工場です。下段は「白い恋人」を製造している宮の沢工場です。

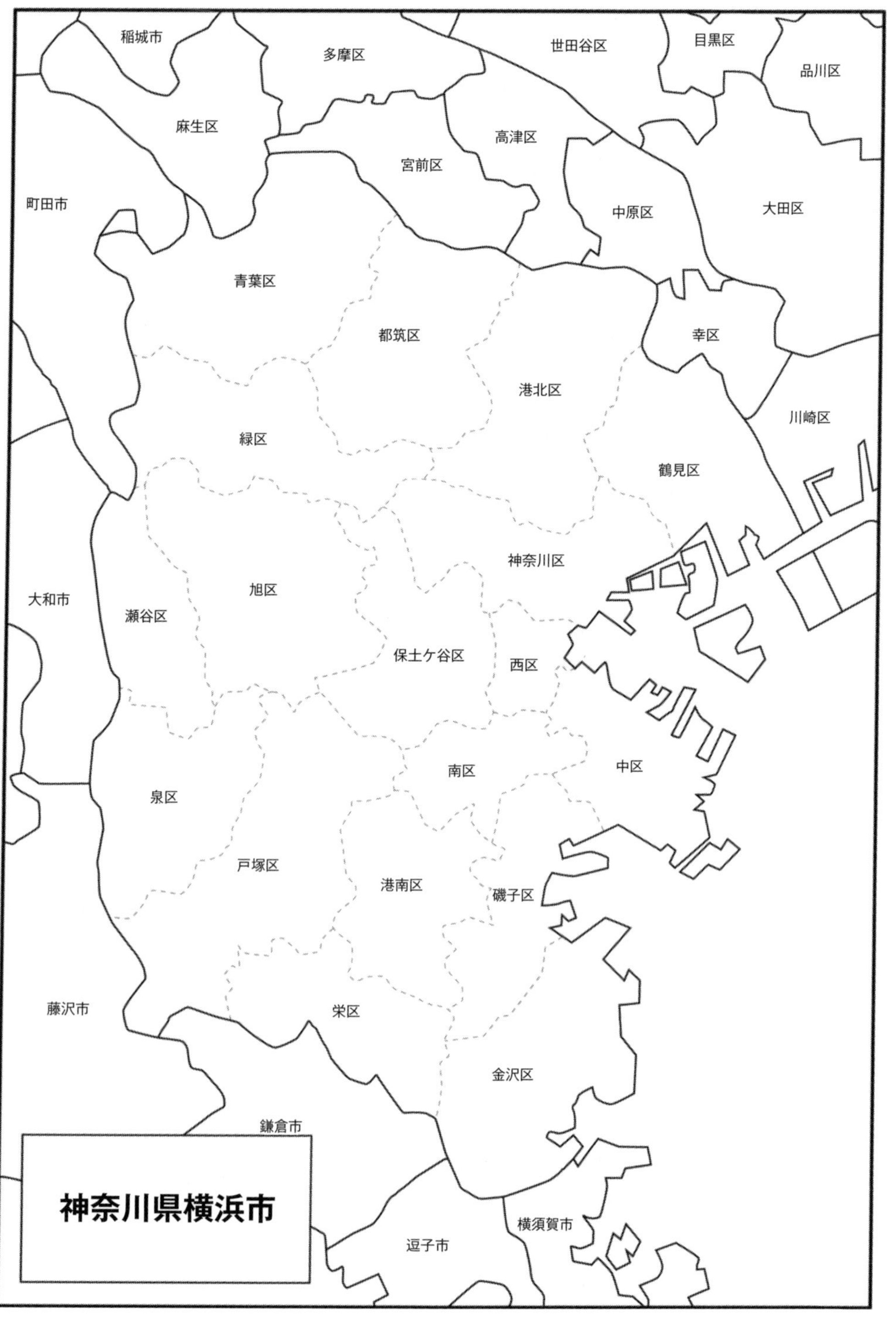
稲城市
多摩区
世田谷区
目黒区
品川区
麻生区
高津区
宮前区
町田市
中原区
大田区
青葉区
都筑区
幸区
港北区
川崎区
緑区
鶴見区
神奈川区
大和市
旭区
瀬谷区
保土ケ谷区
西区
中区
南区
泉区
戸塚区
港南区
磯子区
藤沢市
栄区
金沢区
鎌倉市
神奈川県横浜市
横須賀市
逗子市

3年

第3章

くらしを守る編

消防署や警察署などの関係機関が，地域の安全を守るために，相互に連携して緊急時に対処する体制をとっていることや，関係機関が地域の人々と協力して火災や事故などの防止に努めていることを理解します。

消防の仕事まるわかりワーク①

消防署は地域の人々と協力して火災の防止に努めていることを理解しよう

名前

❶覚えよう！

出火によって建物や山林などが燃えてしまうことを（1　　　）と言います。出火原因の第1位は（2　　　　）で第2位がたき火です（2019年）。火事が起きたときは，（3　　　）番に電話します。

❷覚えよう！

（1 ）のときにかけつけるのが（4　　　）です。ふだんから（5　　）をしていて，（1 ）のときは（6　　　）で登場します。そしてホースから水を出して火を消します。

❸覚えよう！

（4 ）がホースをつなげて水を放水するのが（7　　　）です。水道管と直結しており大量の水を出すことができます。歩道と車道の境界に100～200m 間隔で設置されています。

❹覚えよう！

（4 ）が着ている防火衣は，（8　　　）度の火に約17秒間耐えられます。防火服とマスクで10kg，さらに10kgのボンベを背負って消火活動をします。

❺考えよう？

（6 ）は（9　　　）塗装され，大きなサイレンを鳴らして，赤色灯を光らせて現場に急行します。
写真は3,000L の水を積むことができる（10　　　）です。

❻考えよう？

高所に取り残された救助者を救い出すために使われるのが（11　　　）です。まっすぐのびるタイプや屈折してのびるタイプのものがあります。

❼考えよう？

夜に（1 ）が起きてもすぐにかけつけられるように当番の日は（12　　　）はたらき，非番の日や休みを交互にとります。（1 ）のないときは道具の点検や消火や救助の（5 ）をしています。

❽考えよう？

火災現場は大変危険な場所です。消火しながら，逃げ遅れた人を救出するために日頃から（13　　　）を鍛えて（5 ）をしています。消防署には（5 ）をする施設が備えつけられています。

❾考えよう？

消防署には（6 ）だけではなく（14　　　）も待機しています。（1 ）のときのけが人や，大きな事故のときのけが人を救急救命士が処置をしながら病院に搬送します。

❿チャレンジ✓難

15）消防署によって置いてある消防車の種類が違うのはなぜでしょう？

ヒント 水槽車／119／訓練／救急車／消防車／たばこ／1,200／赤く／からだ／火事／はしご車／消防士／24時間／消火栓

消防署は地域の人々と協力して火災の防止に努めていることを理解しよう

解答A

❶覚えよう！

出火によって建物や山林などが燃えてしまうことを（1 **火事**　）と言います。出火原因の第1位は（2 **たばこ**　）で第2位がたき火です（2019年）。火事が起きたときは，（3 **119**　）番に電話します。

❷覚えよう！

（1 ）のときにかけつけるのが（4 **消防士**）です。ふだんから（5 **訓練**）をしていて，（1 ）のときは（6 **消防車**）で登場します。そしてホースから水を出して火を消します。

❸覚えよう！

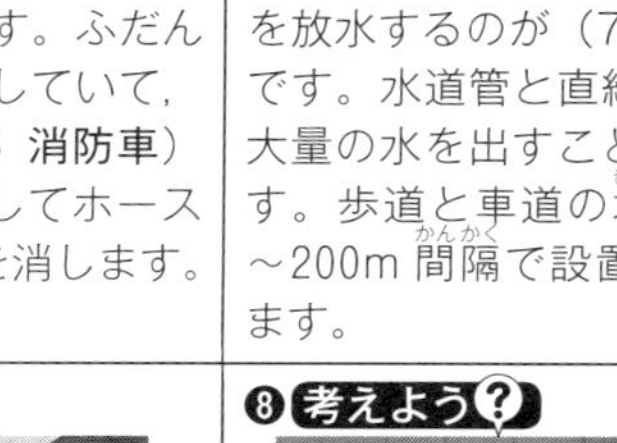

（4 ）がホースをつなげて水を放水するのが（7 **消火栓**）です。水道管と直結しており大量の水を出すことができます。歩道と車道の境界に100～200m間隔で設置されています。

❹覚えよう！

（4 ）が着ている防火衣は，（8 **1,200**　）度の火に約17秒間耐えられます。防火服とマスクで10kg，さらに10kgのボンベを背負って消火活動をします。

❺考えよう？

（6 ）は（9 **赤く**　）塗装され，大きなサイレンを鳴らして，赤色灯を光らせて現場に急行します。
写真は3,000Lの水を積むことができる（10 **水槽車**　）です。

❻考えよう？

高所に取り残された救助者を救い出すために使われるのが（11 **はしご車**　）です。まっすぐのびるタイプや屈折してのびるタイプのものがあります。

❼考えよう？

夜に（1 ）が起きてもすぐにかけつけられるように当番の日は（12 **24時間**　）はたらき，非番の日や休みを交互にとります。（1 ）のないときは道具の点検や消火や救助の（5 ）をしています。

❽考えよう？

火災現場は大変危険な場所です。消火しながら，逃げ遅れた人を救出するために日頃から（13 **からだ**　）を鍛えて（5 ）をしています。消防署には（5 ）をする施設が備えつけられています。

❾考えよう？

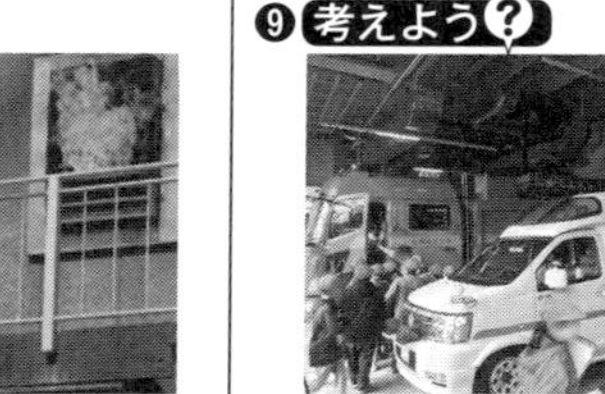

消防署には（6 ）だけではなく（14 **救急車**　）も待機しています。（1 ）のときのけが人や，大きな事故のときのけが人を救急救命士が処置をしながら病院に搬送します。

❿チャレンジ✓難

15）消防署によって置いてある消防車の種類が違うのはなぜでしょう？

山があったり，川があったり，ビルがあったりと地域の特徴に合わせた消火や救助ができるように，それに見合った消防車が配備されている。

知っ得！ 消防士の多くは24時間勤務し，翌日は「非番」となり勤務はありません。しかし，緊急時には出動に参加します。

3年社会科ワークNo.11（消防の仕事②）

消防の仕事まるわかりワーク②

消防署は地域の人々と協力して火災の防止に努めていることを理解しよう

名前

❶ 覚えよう！

火災が発生し119番通報がされると（1　　　　　）につながります。どこで火事が起きたのかを聞き出し各所に連絡します。そして現場に近い（2　　　　　）から消防車を出動させます。

❷ 覚えよう！

（1 ）から連絡がきた（2 ）はただちに出動の準備をします。消防士が出動するまでの時間は（3　　　）分です。現場まではサイレンを鳴らし赤色灯をつけて（4　　　）分以内に到着します。

❸ 覚えよう！

（1 ）が連絡するのは（2 ）だけではありません。現場にけが人がいることが考えられるので救急車を出し（5　　　）に連絡します。また現場を整理するために（6　　　）にも連絡します。

❹ 覚えよう！

さらに消火の放水のために（7　　　）にも連絡します。（8　　　　）がもれると爆発が起きるので（8 ）会社にも連絡します。切れた電線は危険なので（9　　　）会社にも連絡します。

❺ 考えよう？

消火活動は消防士だけでなく各地域に（10　　　）が組織されています。火事，台風，地震などが発生したときは消火や救助の活動をします。ふだんは別の（11　　　）をしています。

❻ 考えよう？

（10 ）は消火や救助のために使う道具を各地域の（12　　　）に保管しています。消防ポンプやホース，毛布や担架などを保管し定期的に（13　　　）しています。

❼ 考えよう？

（10 ）はふだんはそれぞれの仕事をしていますが，休日などを利用して地域のために（14　　　）をしています。防火衣を着て，放水などの（14 ）を行っています。

❽ 考えよう？ 難

日本の歴史的な建造物はほとんど木造建築であるため火事はとりかえしがつきません。特に大切な建造物付近にはスプリンクラーや（15　　　）が設置されています。

❾ 考えよう？

地域には消火栓の他にも，（16　　　　）や避難場所などの施設が設置されています。場所や数，大きさなどを工夫しています。住民みんなで地域を守ることが大切です。

❿ チャレンジ✓

17）火災予防運動に子どもたちも参加しています。なぜでしょう？

ヒント　放水銃／ガス／消防署／防火水槽／病院／水道局／通信指令室／1／消防団／5／倉庫／点検／警察署／訓練／電力／仕事

3年社会科ワークNo.11（消防の仕事②）

消防の仕事まるわかりワーク②

消防署は地域の人々と協力して火災の防止に努めていることを理解しよう

解答A

❶ 覚えよう！

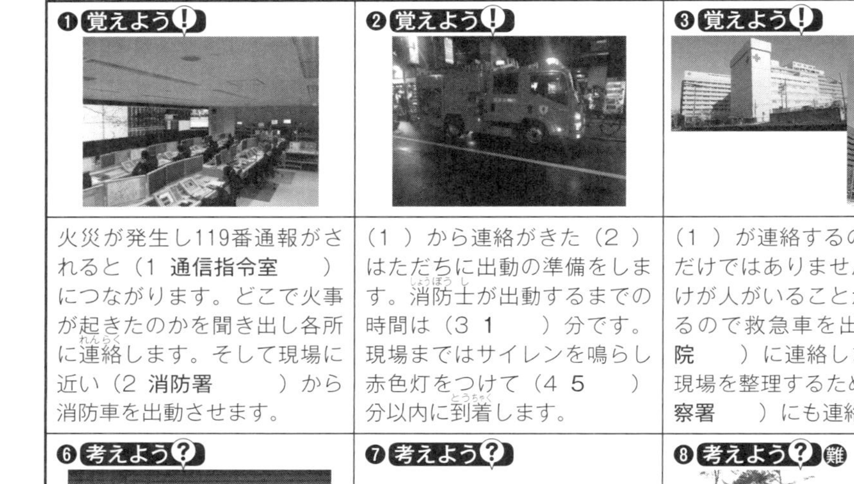

火災が発生し119番通報がされると（1 **通信指令室**　）につながります。どこで火事が起きたのかを聞き出し各所に連絡します。そして現場に近い（2 **消防署**　）から消防車を出動させます。

❷ 覚えよう！

（1 ）から連絡がきた（2 ）はただちに出動の準備をします。消防士が出動するまでの時間は（3 **1**　）分です。現場まではサイレンを鳴らし赤色灯をつけて（4 **5**　）分以内に到着します。

❸ 覚えよう！

（1 ）が連絡するのは（2 ）だけではありません。現場にけが人がいることが考えられるので救急車を出し（5 **病院**　）に連絡します。また現場を整理するために（6 **警察署**　）にも連絡します。

❹ 覚えよう！

さらに消火の放水のために（7 **水道局**）にも連絡します。（8 **ガス**　）がもれると爆発が起きるので（8 ）会社にも連絡します。切れた電線は危険なので（9 **電力**　）会社にも連絡します。

❺ 考えよう？

消火活動は消防士だけでなく各地域に（10 **消防団**　）が組織されています。火事，台風，地震などが発生したときは消火や救助の活動をします。ふだんは別の（11 **仕事**　）をしています。

❻ 考えよう？

（10 ）は消火や救助のために使う道具を各地域の（12 **倉庫**　）に保管しています。消防ポンプやホース，毛布や担架などを保管し定期的に（13 **点検**　）しています。

❼ 考えよう？

（10 ）はふだんはそれぞれの仕事をしていますが，休日などを利用して地域のために（14 **訓練**　）をしています。防火衣を着て，放水などの（14 ）を行っています。

❽ 考えよう？ 難

日本の歴史的な建造物はほとんど木造建築であるため火事はとりかえしがつきません。特に大切な建造物付近にはスプリンクラーや（15 **放水銃**）が設置されています。

❾ 考えよう？

地域には消火栓の他にも，（16 **防火水槽**　）や避難場所などの施設が設置されています。場所や数，大きさなどを工夫しています。住民みんなで地域を守ることが大切です。

❿ チャレンジ✓

17）火災予防運動に子どもたちも参加しています。なぜでしょう？

子どものうちから防火や自衛の意識を高める。また，子どもが参加することで住民の意識を高めることにつながるから。

知っ得！ 昭和24年1月26日に法隆寺の金堂が炎上しました。このことを機に文化財保護法ができ，1月26日は文化財防火デーになりました。

3年社会科ワークNo.12（警察の仕事①）

警察の仕事まるわかりワーク①

警察署は地域の人々と協力して犯罪や事故の防止に努めていることを理解しよう

名前

❶覚えよう！

日本は自動車大国です。自動車の交通事故は毎年40万件以上起きています。事故が起きたときはすぐに（1　　　）に連絡し，（2　　　）がくるのを待ちます。

❷覚えよう！

（1）通報は各都道府県の警察本部の（3　　　　）につながります。24時間いつでもつながり（2）が，通報者の名前，事件か事故か，現場の住所はどこかなどを聞きます。

❸覚えよう！

緊急連絡を受けた（3）はすぐに現場近くを走っている（4　　　　　）に連絡をします。連絡を受けた（4）は，サイレンと赤色灯をつけて現場に急行します。

❹覚えよう！

さらに現場近くの（5　　）にも連絡します。すると，（5）から（2）がやってきて当事者の事情聴取や現場の状況の確認を行い，事故の（6　　）などを調査します。

❺覚えよう！

事故現場の調査活動中は，事故車両や（4）などがあるために（7　　　　）が起きやすくなります。そこで（2）は（8　　　　）をして道路の安全を確保します。

❻覚えよう！

（3）は現場近くの（9　　　）にも連絡します。連絡を受けた（9）はすぐに（10　　　）を向かわせ，けが人の救助にあたります。けが人は近くの病院に搬送されます。

❼覚えよう！

（2）は交通事故の原因が何かを調査することも仕事です。当事者の運転状況を調べたり，（11　　　）を飲んでいなかったかどうか検査したり，（12　　　）を探して聴取したりします。

❽覚えよう！

現在は町のいろいろな箇所に（13　　　　）が設置されています。事故を起こした車がどのように走っていたか，逃げた車がどこに行ったのかを調べることができます。

❾覚えよう！難

交通事故を起こした容疑者が現場から（14　　　）したときは，各要所で（2）が通る車を止めて取り調べをする（15　　　）を行うことがあります。

❿チャレンジ✓

16）事故現場ではどのような人たちが活動をしていますか。

ヒント　目撃者／通信指令室／110番／防犯カメラ／救急車／パトロールカー／原因／検問／交通整理／警察官／交番／消防署／交通渋滞／お酒／逃走

警察署は地域の人々と協力して犯罪や事故の防止に努めていることを理解しよう

解答 A

❶ 覚えよう！

日本は自動車大国です。自動車の交通事故は毎年40万件以上起きています。事故が起きたときはすぐに（1 **110番**）に連絡し，（2 **警察官**）がくるのを待ちます。

❷ 覚えよう！

（1 ）通報は各都道府県の警察本部の（3 **通信指令室** ）につながります。24時間いつでもつながり（2 ）が，通報者の名前，事件か事故か，現場の住所はどこかなどを聞きます。

❸ 覚えよう！

緊急連絡を受けた（3 ）はすぐに現場近くを走っている（4 **パトロールカー** ）に連絡をします。連絡を受けた（4 ）は，サイレンと赤色灯をつけて現場に急行します。

❹ 覚えよう！

さらに現場近くの（5 **交番**）にも連絡します。すると，（5 ）から（2 ）がやってきて当事者の事情聴取や現場の状況の確認を行い，事故の（6 **原因**）などを調査します。

❺ 覚えよう！

事故現場の調査活動中は，事故車両や（4 ）などがあるために（7 **交通渋滞** ）が起きやすくなります。そこで（2 ）は（8 **交通整理** ）をして道路の安全を確保します。

❻ 覚えよう！

（3 ）は現場近くの（9 **消防署** ）にも連絡します。連絡を受けた（9 ）はすぐに（10 **救急車** ）を向かわせ，けが人の救助にあたります。けが人は近くの病院に搬送されます。

❼ 覚えよう！

（2 ）は交通事故の原因が何かを調査することも仕事です。当事者の運転状況を調べたり，（11 **お酒** ）を飲んでいなかったかどうか検査したり，（12 **目撃者** ）を探して聴取したりします。

❽ 覚えよう！

現在は町のいろいろな箇所に（13 **防犯カメラ** ）が設置されています。事故を起こした車がどのように走っていたか，逃げた車がどこに行ったのかを調べることができます。

❾ 覚えよう！ 難

交通事故を起こした容疑者が現場から（14 **逃走** ）したときは，各要所で（2 ）が通る車を止めて取り調べをする（15 **検問** ）を行うことがあります。

❿ チャレンジ✓

16）事故現場ではどのような人たちが活動をしていますか。

事故現場では警察官が現場を調査したり，交通整理をしたり，事故車を動かすなどする。救急隊はけが人を救助し，火災があるときは消防士が消火活動をする。

知っ得！ 日本に初めて交番ができたのは明治7年で当時は「交番所」と呼ばれていました。明治14年に建物ができ「派出所」となりました。平成6年には「交番」が正式名称になりました。

3年社会科ワークNo.13（警察の仕事②）

警察の仕事まるわかりワーク②

警察署は地域の人々と協力して犯罪や事故の防止に努めていることを理解しよう

名前

❶覚えよう！	❷覚えよう！	❸覚えよう！難	❹覚えよう！難	❺覚えよう！
交番に勤務する警察官はふだんから決められた制服を着ています。また，警棒や（1　　　　），手錠，警笛，無線機，警察手帳を持っています。	警察署には（2　　　　）センターがあります。センターでは市内の（3　　　　）状況などの情報を集め，コンピュータで信号を管理し警察官に情報を伝えています。	道路情報は，要所要所に設置しているＮシステムが通過する車の（4　　　　）を記録しています。事件が起きたときなど逃亡している自動車を追うことができます。	さらに道路には自動車の（5　　　　）を監視するオービスや通過する自動車の（6　　　　）量を監視するトラフィックカウンターが設置され，交通安全を守っています。	自動車事故を防ぐために警察の中には交通機動隊が組織されています。覆面パトカーや（7　　　　）が走行しながら取り締まりを行い交通事故を未然に防ぎます。
❻覚えよう！	❼覚えよう！	❽考えよう？	❾考えよう？	❿チャレンジ✓
		子ども110番の店 SOS 札幌市地域安全サポーターズ		14）地域の人たちが集まっています。どんな話し合いをしていますか。
また警察官は道路を人々や自動車が安全に走行できるように交通違反を取り締まります。駐車してはいけないところに駐車することを（8　　　　）と言って反則金を支払います。	警察官は人々の安全を守るために町を（9　　　　）したり，家庭を訪問したりします。迷っている人に（10　　　　）をしたり，落とし物の届け出を受けたりします。	安全を守るのは警察だけではありません。（11　　　　）の人々も町の安全を守るために活動しています。危険を感じたときに子どもがかけ込める（12　　　　）の店や家もその一つです。	学校や町内会が中心となって子どもたちの（13　　　　）の安全を守る活動や夜のパトロールなどに取り組んでいます。	

ヒント　道案内／白バイ／渋滞／スピード／交通／地域／登下校／拳銃／パトロール／交通管制／駐車違反／ナンバー／子ども110番

警察の仕事まるわかりワーク②

警察署は地域の人々と協力して犯罪や事故の防止に努めていることを理解しよう

解答A

❶ 覚えよう！

交番に勤務する警察官はふだんから決められた制服を着ています。また，警棒や（1 拳銃　　）, 手錠，警笛，無線機，警察手帳を持っています。

❷ 覚えよう！

警察署には（2 交通管制　）センターがあります。センターでは市内の（3 渋滞　）状況などの情報を集め，コンピュータで信号を管理し警察官に情報を伝えています。

❸ 覚えよう！ 難

道路情報は，要所要所に設置しているＮシステムが通過する車の（4 ナンバー　　）を記録しています。事件が起きたときなど逃亡している自動車を追うことができます。

❹ 覚えよう！ 難

さらに道路には自動車の（5 スピード　　）を監視するオービスや通過する自動車の（6 交通　　）量を監視するトラフィックカウンターが設置され，交通安全を守っています。

❺ 覚えよう！

自動車事故を防ぐために警察の中には交通機動隊が組織されています。覆面パトカーや（7 白バイ　　）が走行しながら取り締まりを行い交通事故を未然に防ぎます。

❻ 覚えよう！

また警察官は道路を人々や自動車が安全に走行できるように交通違反を取り締まります。駐車してはいけないところに駐車することを（8 駐車違反　　）と言って反則金を支払います。

❼ 覚えよう！

警察官は人々の安全を守るために町を（9 パトロール　）したり，家庭を訪問したりします。迷っている人に（10 道案内　　）をしたり，落とし物の届け出を受けたりします。

❽ 考えよう？

安全を守るのは警察だけではありません。（11 地域　）の人々も町の安全を守るために活動しています。危険を感じたときに子どもがかけ込める（12 子ども110番　）の店や家もその一つです。

❾ 考えよう？

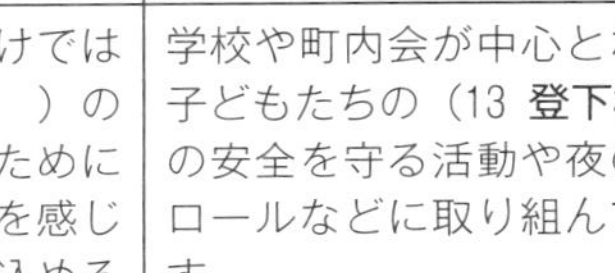

学校や町内会が中心となって子どもたちの（13 登下校　）の安全を守る活動や夜のパトロールなどに取り組んでいます。

❿ チャレンジ✓

14）地域の人たちが集まっています。どんな話し合いをしていますか。

通学路の危険な箇所を確認したり，横断歩道や信号など警察にお願いしたりすることを決めるなどして話し合っている。

知っ得！ 全国47の都道府県には警察本部があり，それをまとめるのが警察庁ですが，東京だけは警視庁という特別な名前がついています。

大阪府大阪市
箕面市
茨木市
吹田市
伊丹市
豊中市
摂津市
寝屋川市
守口市
東淀川区
尼崎市
西宮市
門真市
淀川区
旭区
都島区
西淀川区
北区
大東市
鶴見区
城東区
福島区
此花区
中央区
西区
東成区
東大阪市
港区
浪速区
天王寺区
大正区
生野区
西成区
阿倍野区
住之江区
東住吉区
平野区
八尾市
住吉区
松原市
堺区
藤井寺市
北区
羽曳野市
西区
美原区
東区
中区
高石市

3年

第4章

市の移り変わり編

市や人々の生活の様子は，時間の経過に伴い，移り変わってきたことを理解し，交通や公共施設，土地利用や人口，生活の道具などの時期による違いに着目して，市や人々の生活の様子を捉え，それらの変化を考えます。

3年社会科ワークNo.14（市の移り変わり）

市の移り変わりまるわかりワーク

交通や土地利用の変化を通して，市の様子の移り変わりを考えよう

名前

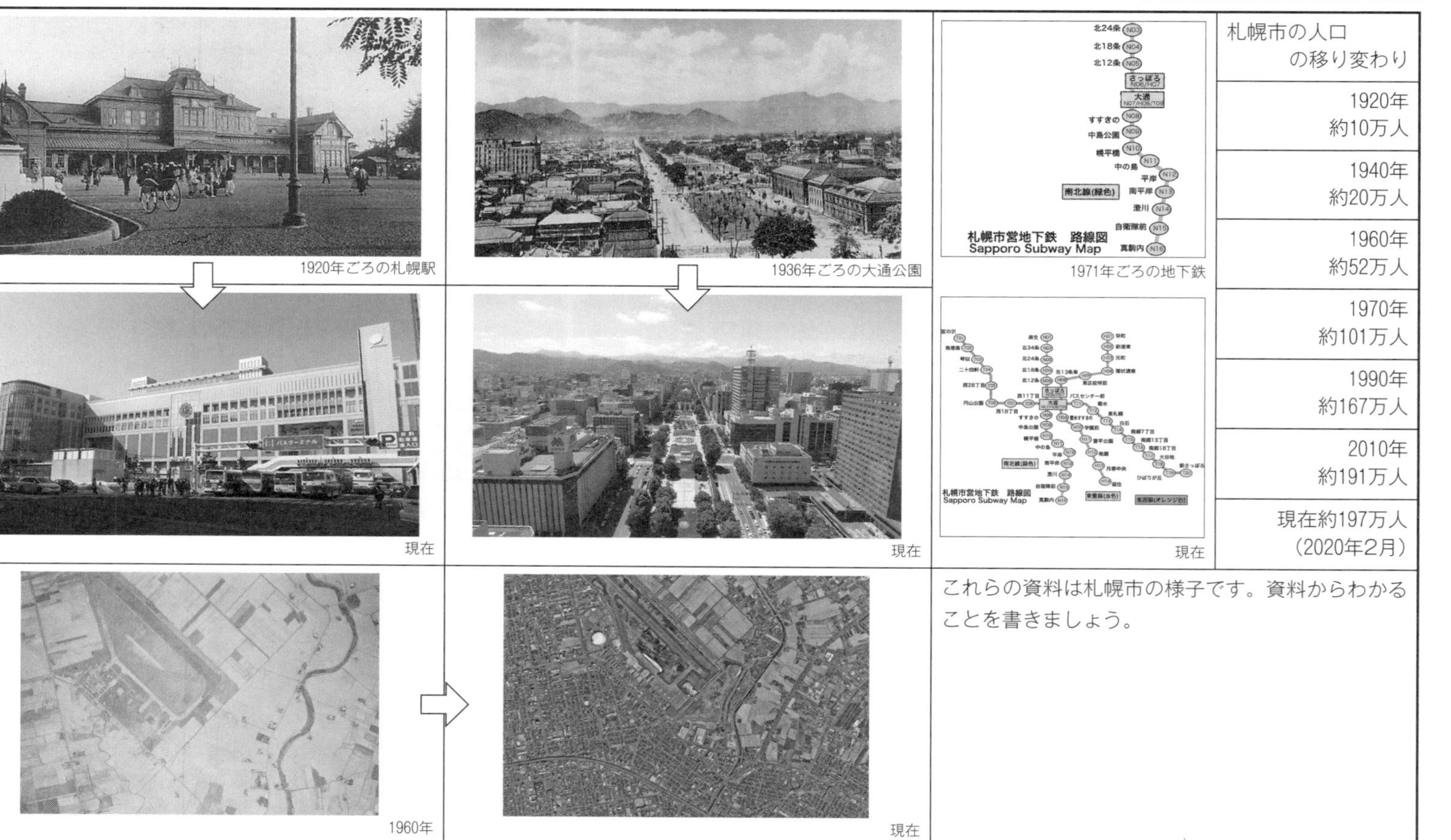

1920年ごろの札幌駅 → 現在

1936年ごろの大通公園 → 現在

1971年ごろの地下鉄 → 現在

1960年 → 現在

札幌市の人口の移り変わり
1920年 約10万人
1940年 約20万人
1960年 約52万人
1970年 約101万人
1990年 約167万人
2010年 約191万人
現在約197万人（2020年2月）

これらの資料は札幌市の様子です。資料からわかることを書きましょう。

交通や土地利用の変化を通して，市の様子の移り変わりを考えよう

解答A

1920年ごろの札幌駅

現在

1936年ごろの大通公園

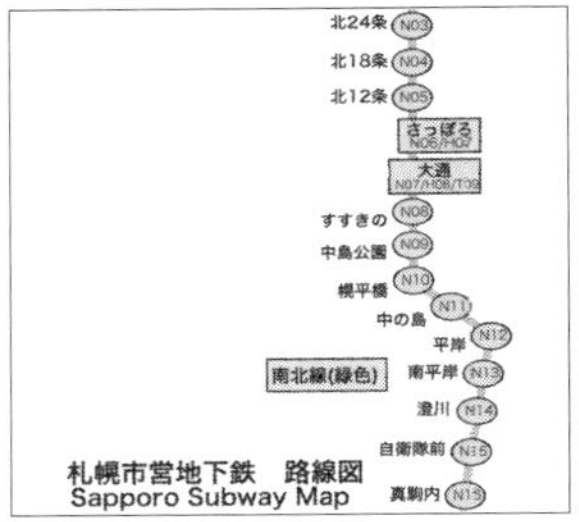

現在

札幌市営地下鉄　路線図
Sapporo Subway Map

1971年ごろの地下鉄

札幌市営地下鉄　路線図
Sapporo Subway Map

現在

札幌市の人口の移り変わり
1920年 約10万人
1940年 約20万人
1960年 約52万人
1970年 約101万人
1990年 約167万人
2010年 約191万人
現在約197万人（2020年2月）

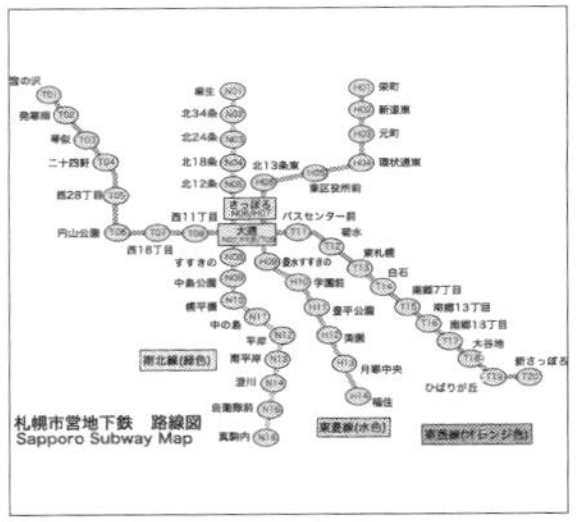

1960年

現在

これらの資料は札幌市の様子です。資料からわかることを書きましょう。

- 昔の駅前は人力車しかなかったが，現代はバスや自動車が集まっている。
- 昔の公園の周りに比べると現在は大きな建物がたくさんある。
- 昔の航空写真と現在を比べると住宅地が増え，川や高速道路が整備されている。

昔の道具まるわかりワーク

昔の道具の使い方を通して，当時の生活を考えよう

名前

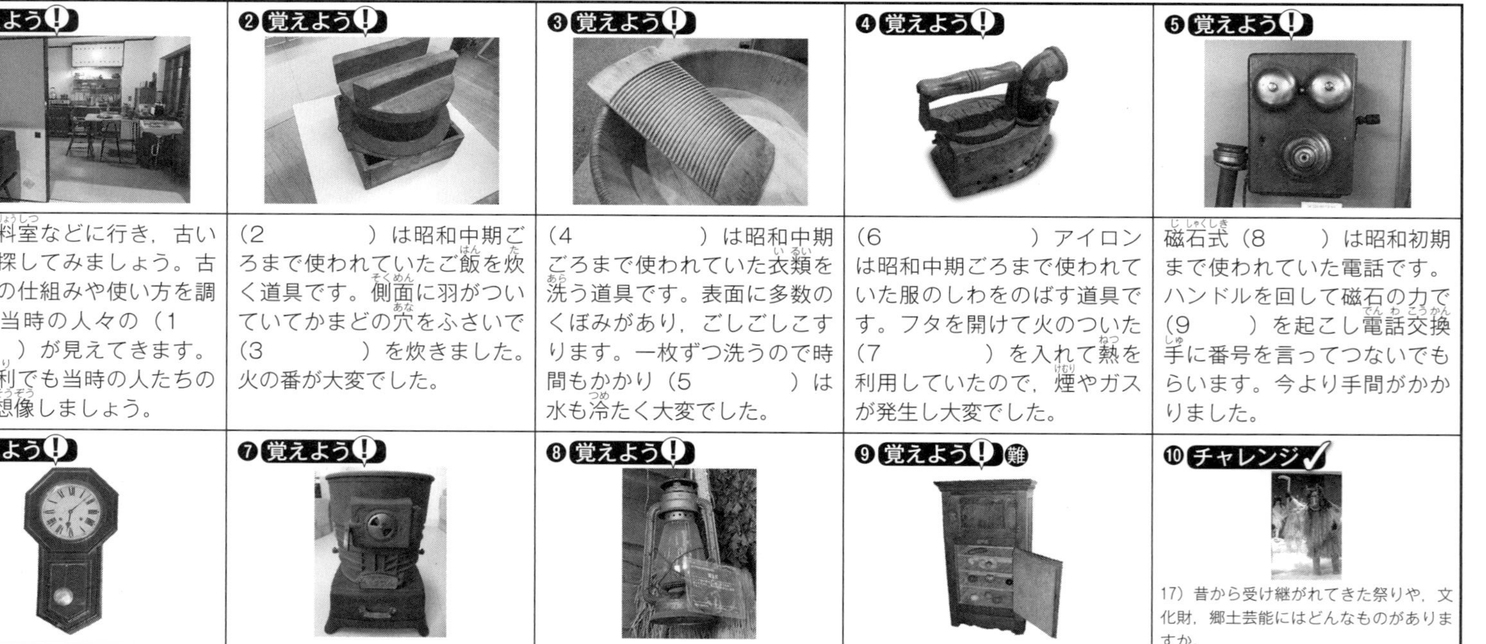

❶覚えよう！	❷覚えよう！	❸覚えよう！	❹覚えよう！	❺覚えよう！
郷土資料室などに行き，古い道具を探してみましょう。古い道具の仕組みや使い方を調べると当時の人々の（1 　　）が見えてきます。今は便利でも当時の人たちの様子を想像しましょう。	（2 　　）は昭和中期ごろまで使われていたご飯を炊く道具です。側面に羽がついていてかまどの穴をふさいで（3 　　）を炊きました。火の番が大変でした。	（4 　　）は昭和中期ごろまで使われていた衣類を洗う道具です。表面に多数のくぼみがあり，ごしごしこすります。一枚ずつ洗うので時間もかかり（5 　　）は水も冷たく大変でした。	（6 　　）アイロンは昭和中期ごろまで使われていた服のしわをのばす道具です。フタを開けて火のついた（7 　　）を入れて熱を利用していたので，煙やガスが発生し大変でした。	磁石式（8 　　）は昭和初期まで使われていた電話です。ハンドルを回して磁石の力で（9 　　）を起こし電話交換手に番号を言ってつないでもらいます。今より手間がかかりました。
❻覚えよう！	❼覚えよう！	❽覚えよう！	❾覚えよう！難	❿チャレンジ✓ 17）昔から受け継がれてきた祭りや，文化財，郷土芸能にはどんなものがありますか。
（10 　）時計は昭和初期まで使われていた時計です。ゼンマイを巻き（11 　　）を動かして，規則的に動くことを利用して時を刻みます。長いものでも30日に一度，ぜんまいを巻かないと止まりました。	（12 　　）ストーブは昭和中期ごろまで使われていました。ひんぱんに（12 ）をくべなければならず，またくべるたびに（13 　　）が舞い上がり部屋が汚れるという欠点がありました。	（14 　　）は昭和中期ごろまで使われていた明かりです。（15 　　）をしみこませた芯に火をつけて明かりを灯しました。火をおおうガラスが汚れるので毎日掃除をしなければいけませんでした。	（16 　　）冷蔵庫は昭和中期ごろまで使われていた冷蔵庫です。上部の箱に（16 ）を入れて下の箱を冷やします。（16 ）は毎日買わなければならず，お金がかかりました。	

ヒント　石油／柱／炭火／羽釜／洗濯板／灰／炭／生活／電気／ご飯／ふりこ／ランプ／氷／冬／電話／石炭

昔の道具まるわかりワーク

昔の道具の使い方を通して，当時の生活を考えよう

解答 A

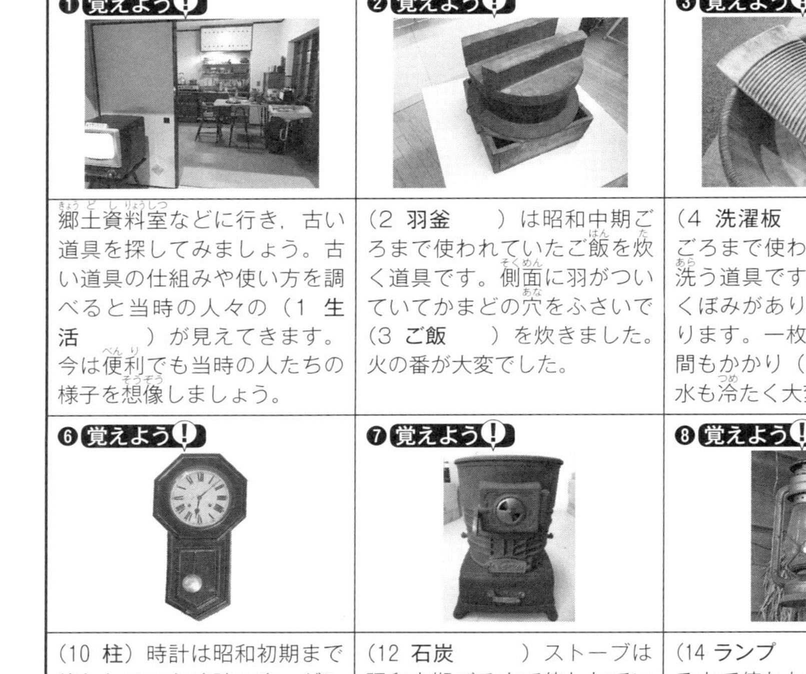

❶ 覚えよう！

郷土資料室などに行き，古い道具を探してみましょう。古い道具の仕組みや使い方を調べると当時の人々の（1 **生活**　）が見えてきます。今は便利でも当時の人たちの様子を想像しましょう。

❷ 覚えよう！

（2 **羽釜**　）は昭和中期ごろまで使われていたご飯を炊く道具です。側面に羽がついていてかまどの穴をふさいで（3 **ご飯**　）を炊きました。火の番が大変でした。

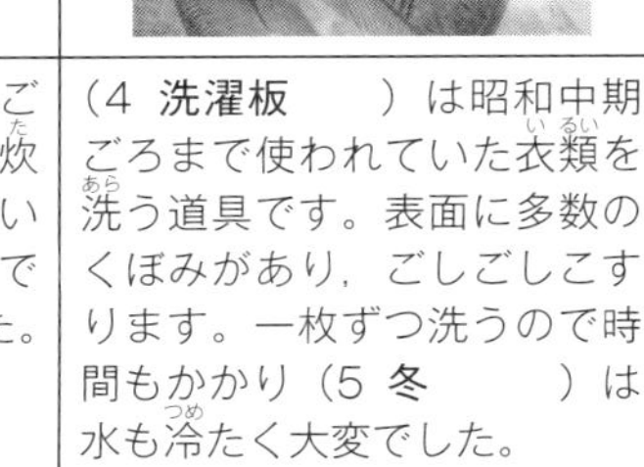

❸ 覚えよう！

（4 **洗濯板**　）は昭和中期ごろまで使われていた衣類を洗う道具です。表面に多数のくぼみがあり，ごしごしこすります。一枚ずつ洗うので時間もかかり（5 **冬**　）は水も冷たく大変でした。

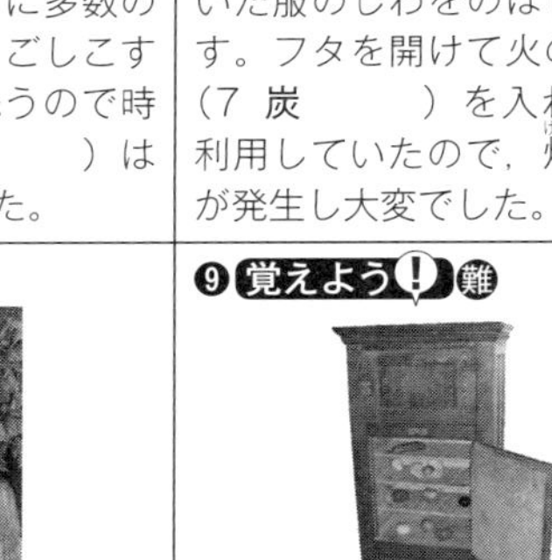

❹ 覚えよう！

（6 **炭火**　）アイロンは昭和中期ごろまで使われていた服のしわをのばす道具です。フタを開けて火のついた（7 **炭**　）を入れて熱を利用していたので，煙やガスが発生し大変でした。

❺ 覚えよう！

磁石式（8 **電話**）は昭和初期まで使われていた電話です。ハンドルを回して磁石の力で（9 **電気**）を起こし電話交換手に番号を言ってつないでもらいます。今より手間がかかりました。

❻ 覚えよう！

（10 **柱**）時計は昭和初期まで使われていた時計です。ゼンマイを巻き（11 **ふりこ**）を動かして，規則的に動くことを利用して時を刻みます。長いものでも30日に一度，ぜんまいを巻かないと止まりました。

❼ 覚えよう！

（12 **石炭**　）ストーブは昭和中期ごろまで使われていました。ひんぱんに（12 ）をくべなければならず，またくべるたびに（13 **灰**　）が舞い上がり部屋が汚れるという欠点がありました。

❽ 覚えよう！

（14 **ランプ**　）は昭和中期ごろまで使われていた明かりです。（15 **石油**　）をしみこませた芯に火をつけて明かりを灯しました。火をおおうガラスが汚れるので毎日掃除をしなければいけませんでした。

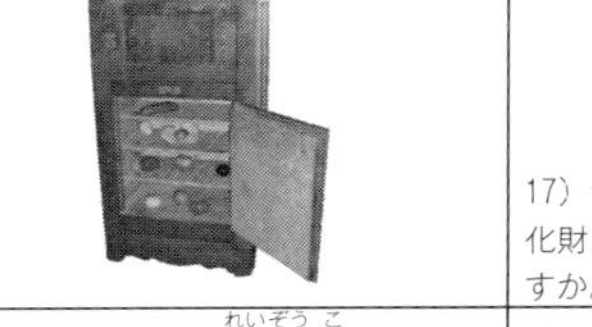

❾ 覚えよう！ 難

（16 **氷**　）冷蔵庫は昭和中期ごろまで使われていた冷蔵庫です。上部の箱に（16 ）を入れて下の箱を冷やします。（16 ）は毎日買わなければならず，お金がかかりました。

❿ チャレンジ✓

17）昔から受け継がれてきた祭りや，文化財，郷土芸能にはどんなものがありますか。

青森のねぶたや秋田のなまはげ，京都の祇園祭などの各地のならわしや，出雲の旧大社駅などの古い建物などを大切に守り受け継いでいる。

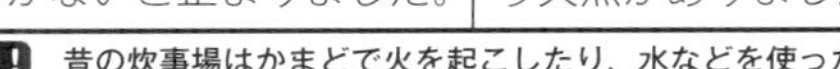

知っ得！ 昔の炊事場はかまどで火を起こしたり，水などを使ったりすることが多いので，家の中に地面が見える「土間」がありました。

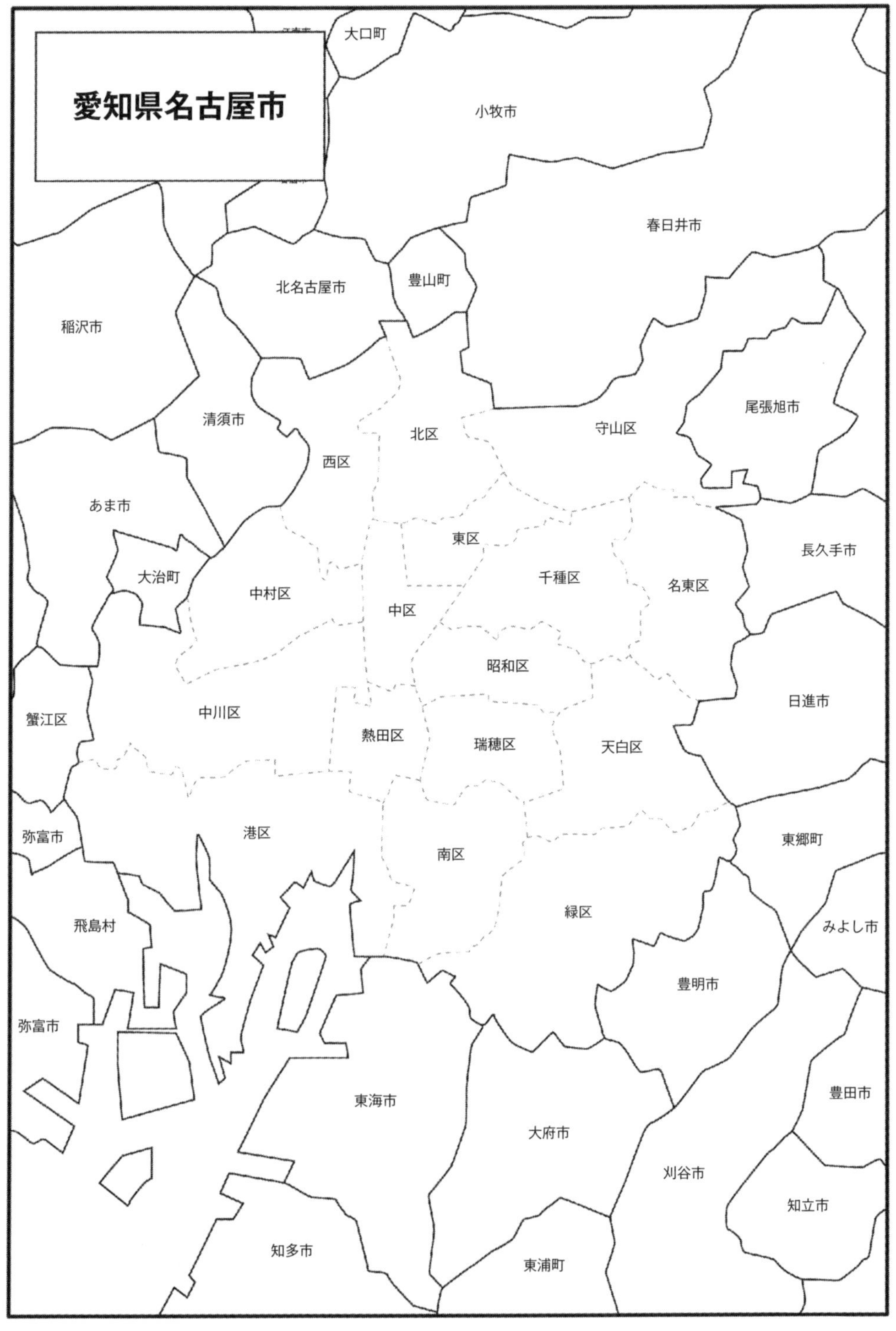
愛知県名古屋市
大口町
小牧市
春日井市
北名古屋市
豊山町
稲沢市
尾張旭市
清須市
北区
守山区
西区
あま市
東区
長久手市
大治町
中村区
千種区
名東区
中区
昭和区
日進市
蟹江区
中川区
熱田区
瑞穂区
天白区
港区
弥富市
南区
東郷町
緑区
飛島村
みよし市
豊明市
弥富市
東海市
豊田市
大府市
刈谷市
知立市
知多市
東浦町

都道府県編

我が国が47の都道府県で構成されていること，各都道府県の名称や日本地図上の位置などを基に，47都道府県の名称と位置について理解します。

４年社会科ワークNo.16（都道府県）

都道府県まるわかりワーク

都道府県の名称を答えよう

名前

1	25
2	26
3	27
4	28
5	29
6	30
7	31
8	32
9	33
10	34
11	35
12	36
13	37
14	38
15	39
16	40
17	41
18	42
19	43
20	44
21	45
22	46
23	47
24	

4年社会科ワークNo.16（都道府県）

都道府県まるわかりワーク

都道府県の名称を答えよう

1 北海道	25 滋賀県
2 青森県	26 京都府
3 岩手県	27 大阪府
4 宮城県	28 兵庫県
5 秋田県	29 奈良県
6 山形県	30 和歌山県
7 福島県	31 鳥取県
8 茨城県	32 島根県
9 栃木県	33 岡山県
10 群馬県	34 広島県
11 埼玉県	35 山口県
12 千葉県	36 徳島県
13 東京都	37 香川県
14 神奈川県	38 愛媛県
15 新潟県	39 高知県
16 富山県	40 福岡県
17 石川県	41 佐賀県
18 福井県	42 長崎県
19 山梨県	43 熊本県
20 長野県	44 大分県
21 岐阜県	45 宮崎県
22 静岡県	46 鹿児島県
23 愛知県	47 沖縄県
24 三重県	

４年社会科ワークNo.17（都道府県の形①）

都道府県の形まるわかりワーク①

都道府県の形を覚えよう

名前

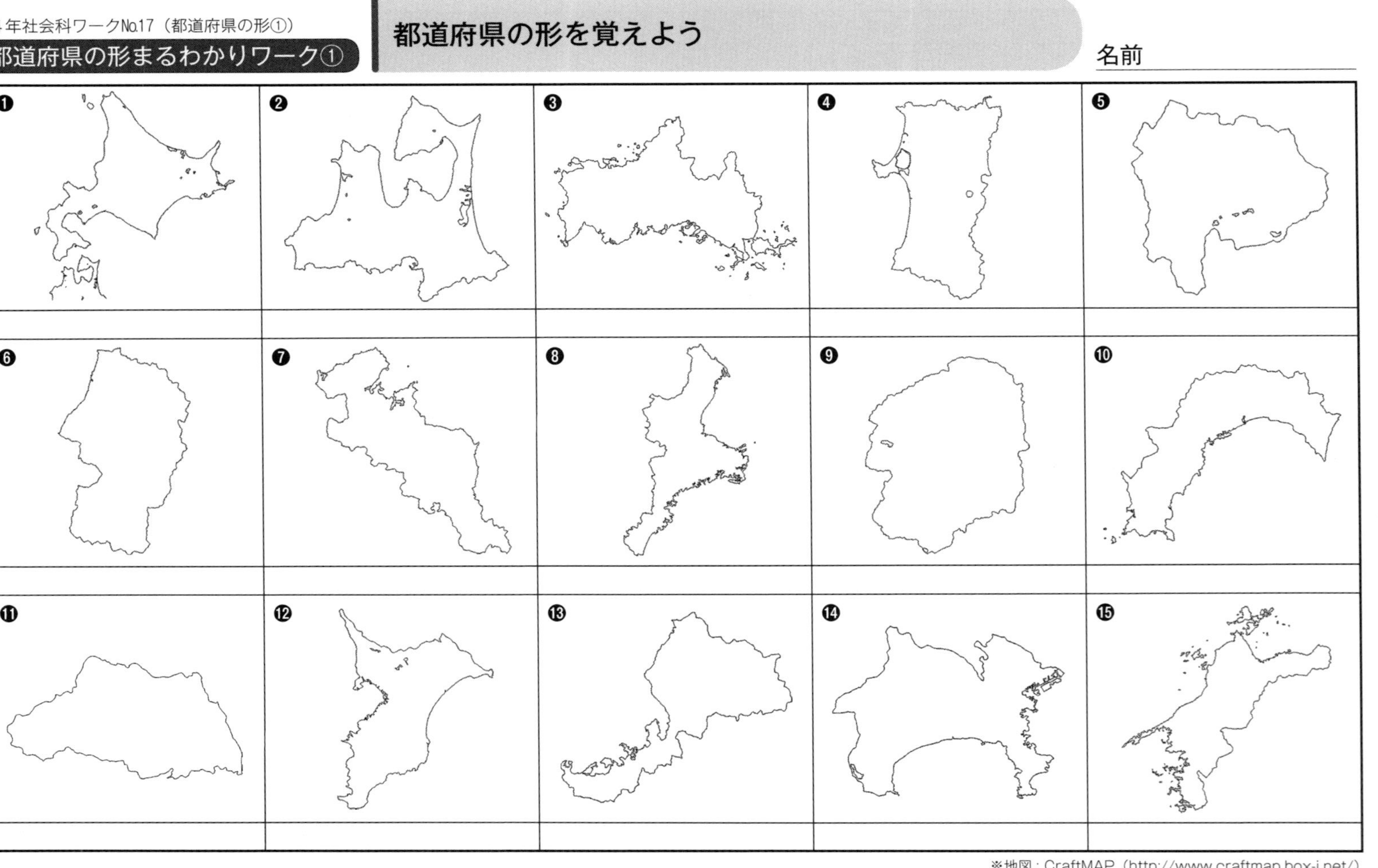

※地図：CraftMAP（http://www.craftmap.box-i.net/）

都道府県の形まるわかりワーク①

都道府県の形を覚えよう

解答A

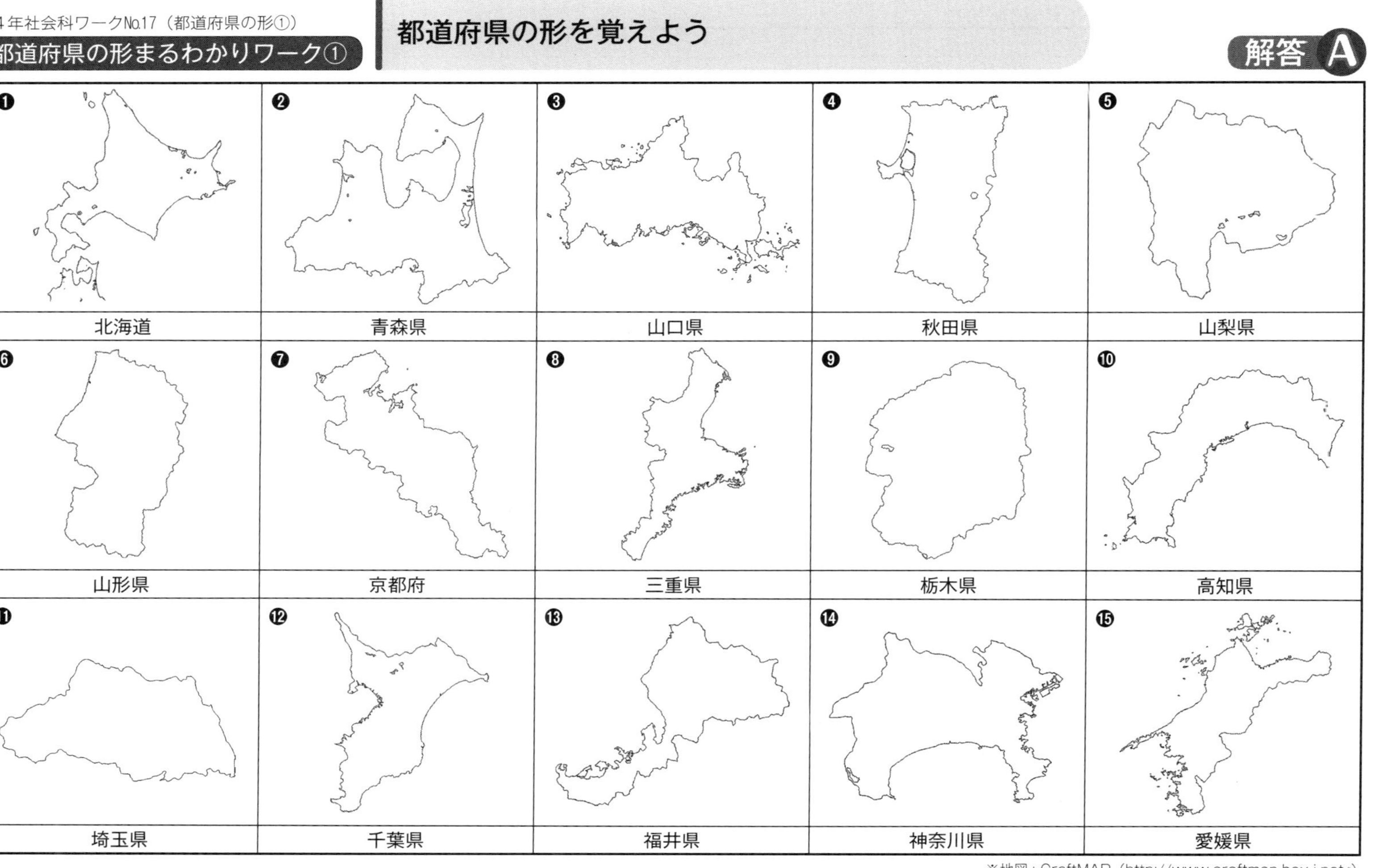

※地図：CraftMAP（http://www.craftmap.box-i.net/）

4年社会科ワークNo.18（都道府県の形②）

都道府県の形まるわかりワーク②

都道府県の形を覚えよう

名前

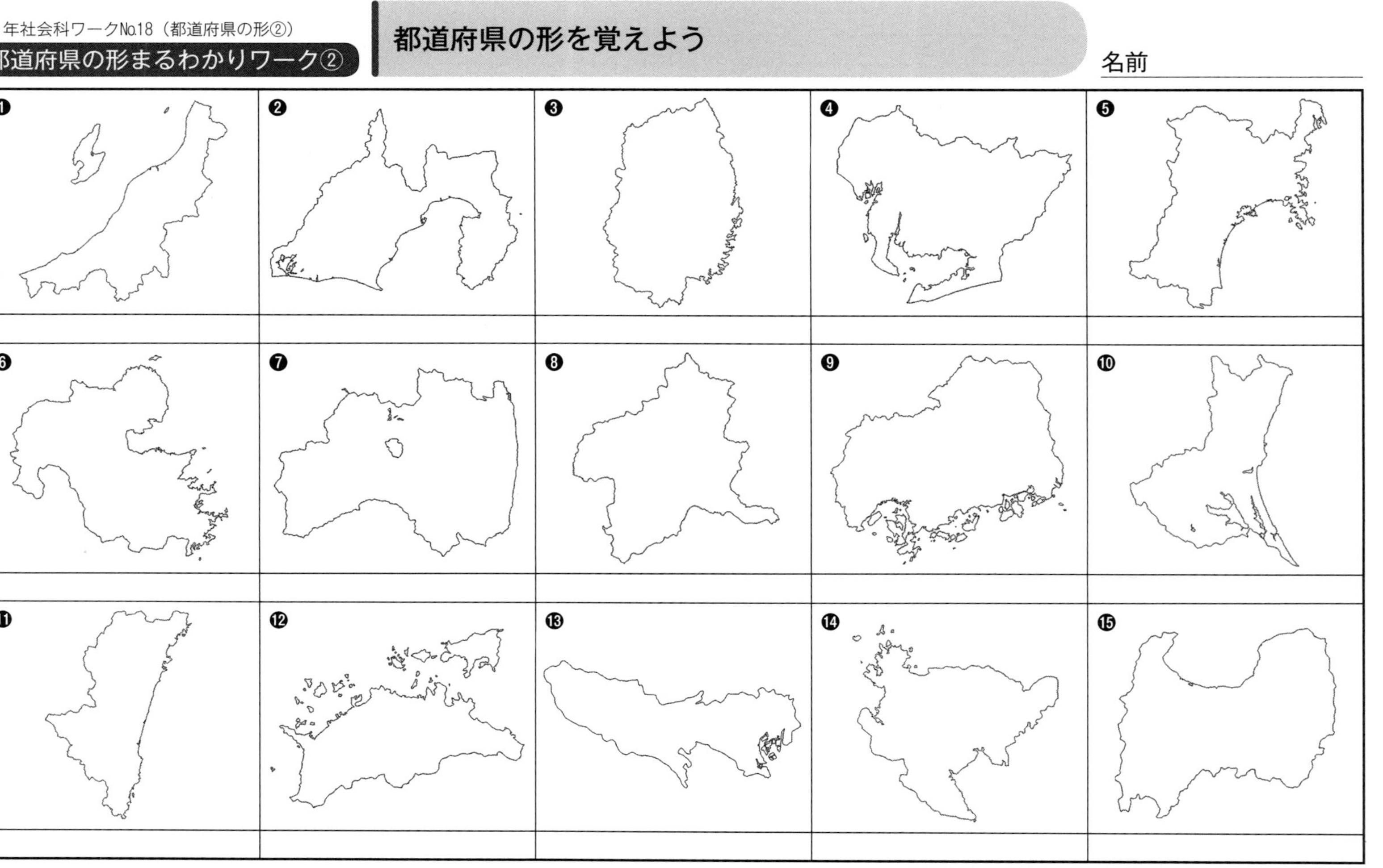

※地図：CraftMAP（http://www.craftmap.box-i.net/）

都道府県の形まるわかりワーク②

都道府県の形を覚えよう

解答A

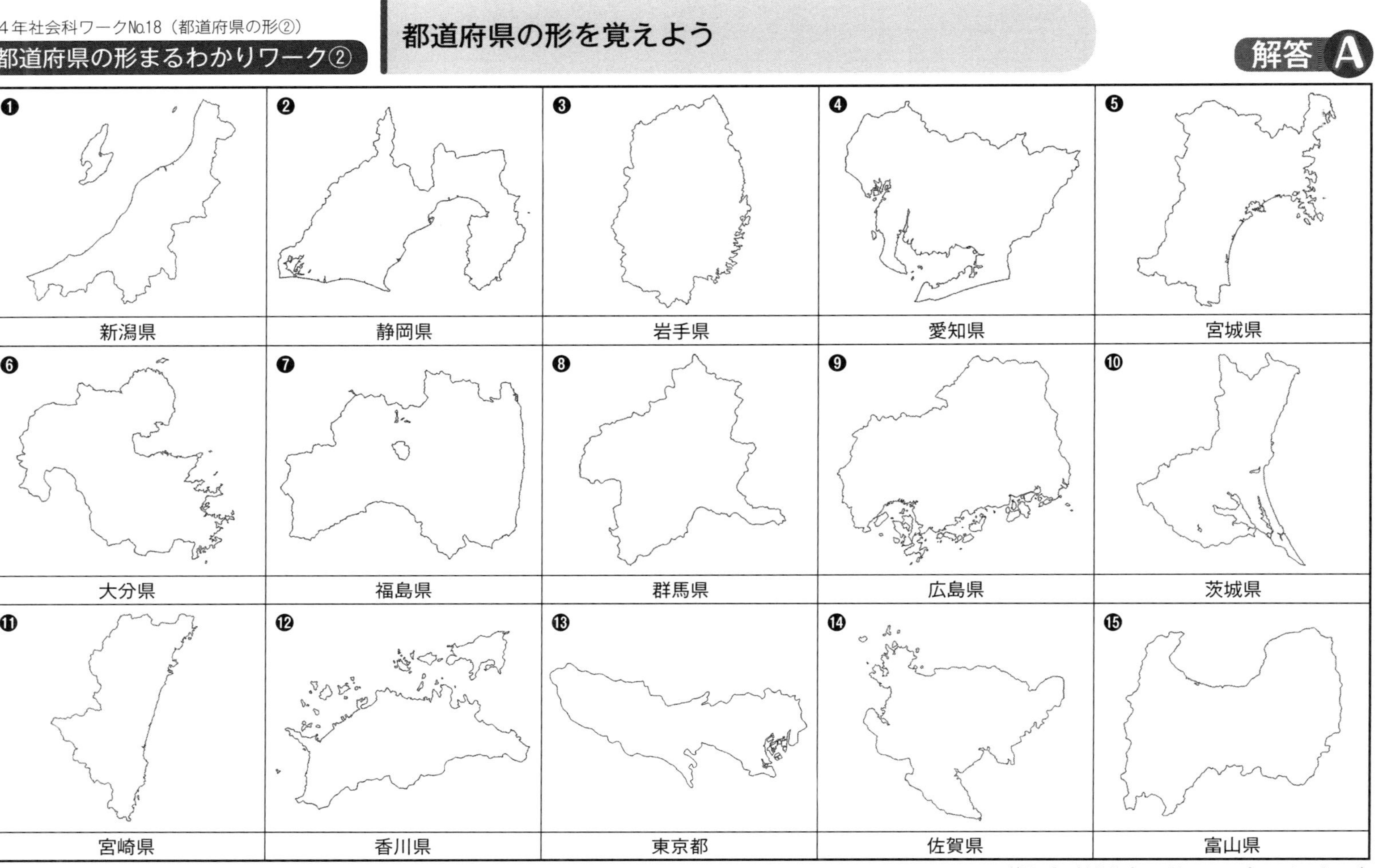

※地図：CraftMAP（http://www.craftmap.box-i.net/）

4年社会科ワークNo.19（都道府県の形③）

都道府県の形まるわかりワーク③

都道府県の形を覚えよう

名前

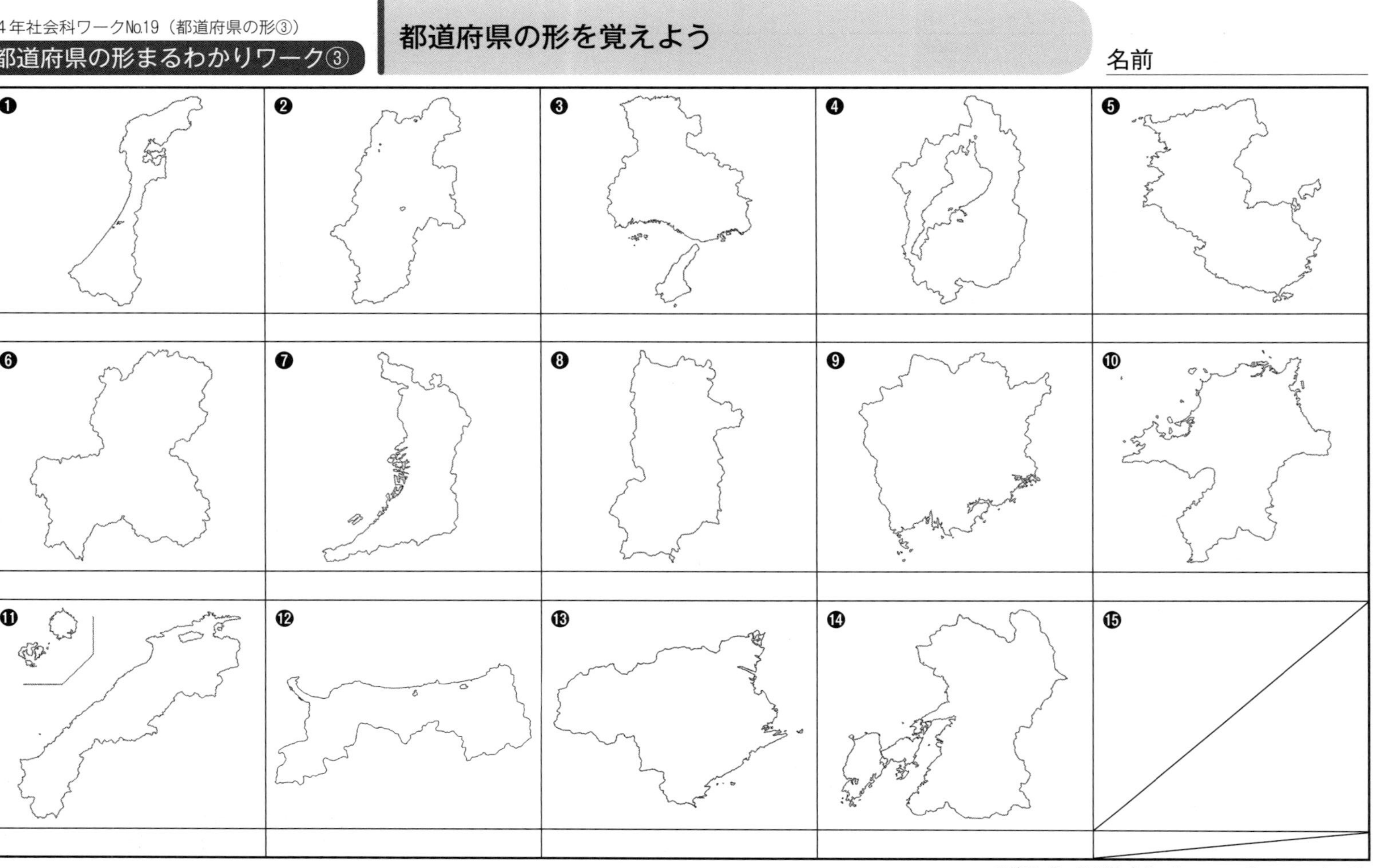

※地図：CraftMAP（http://www.craftmap.box-i.net/）

都道府県の形を覚えよう

解答 A

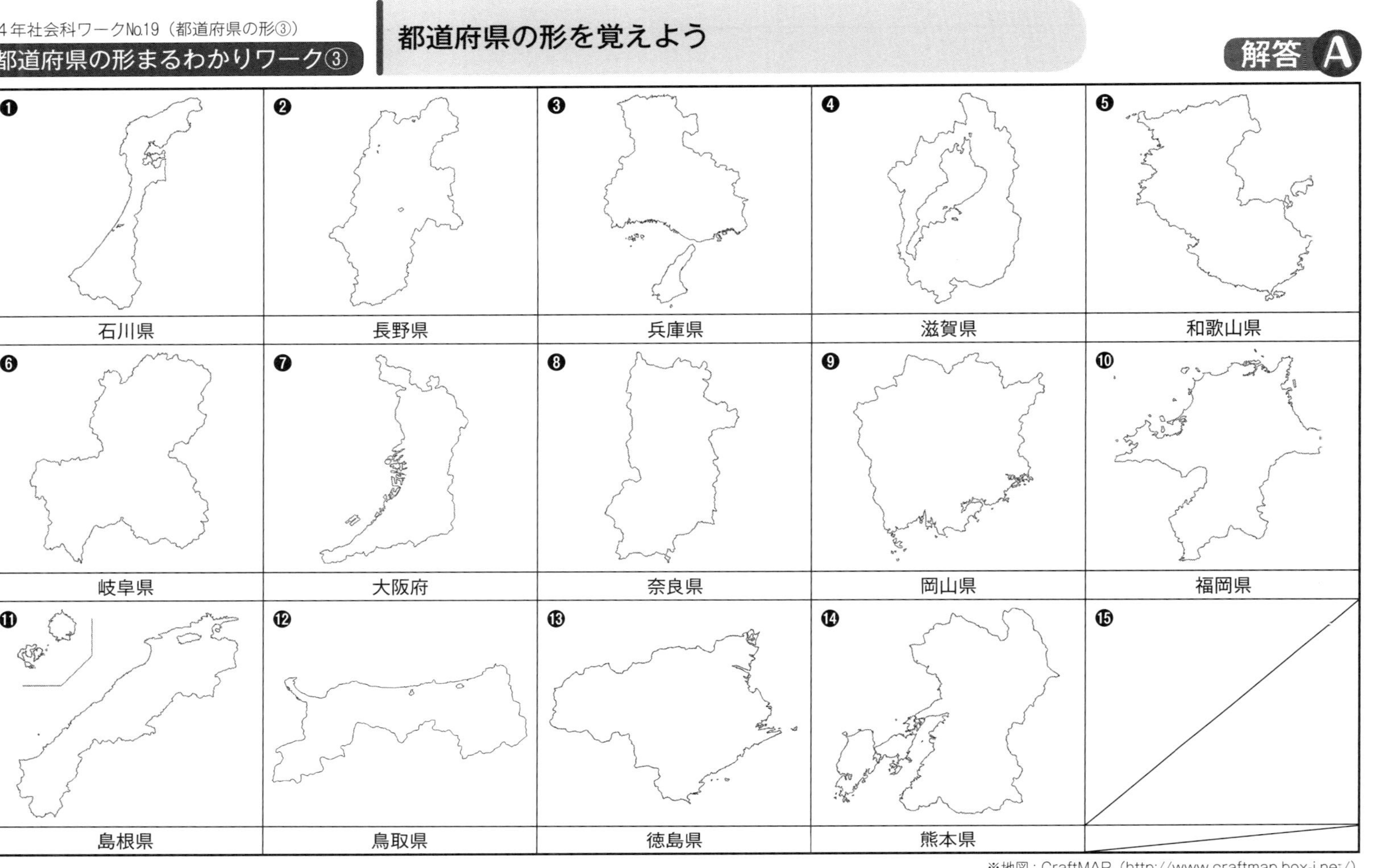

※地図：CraftMAP（http://www.craftmap.box-i.net/）

都道府県の形まるわかりワーク④

都道府県の形を覚えよう

名前

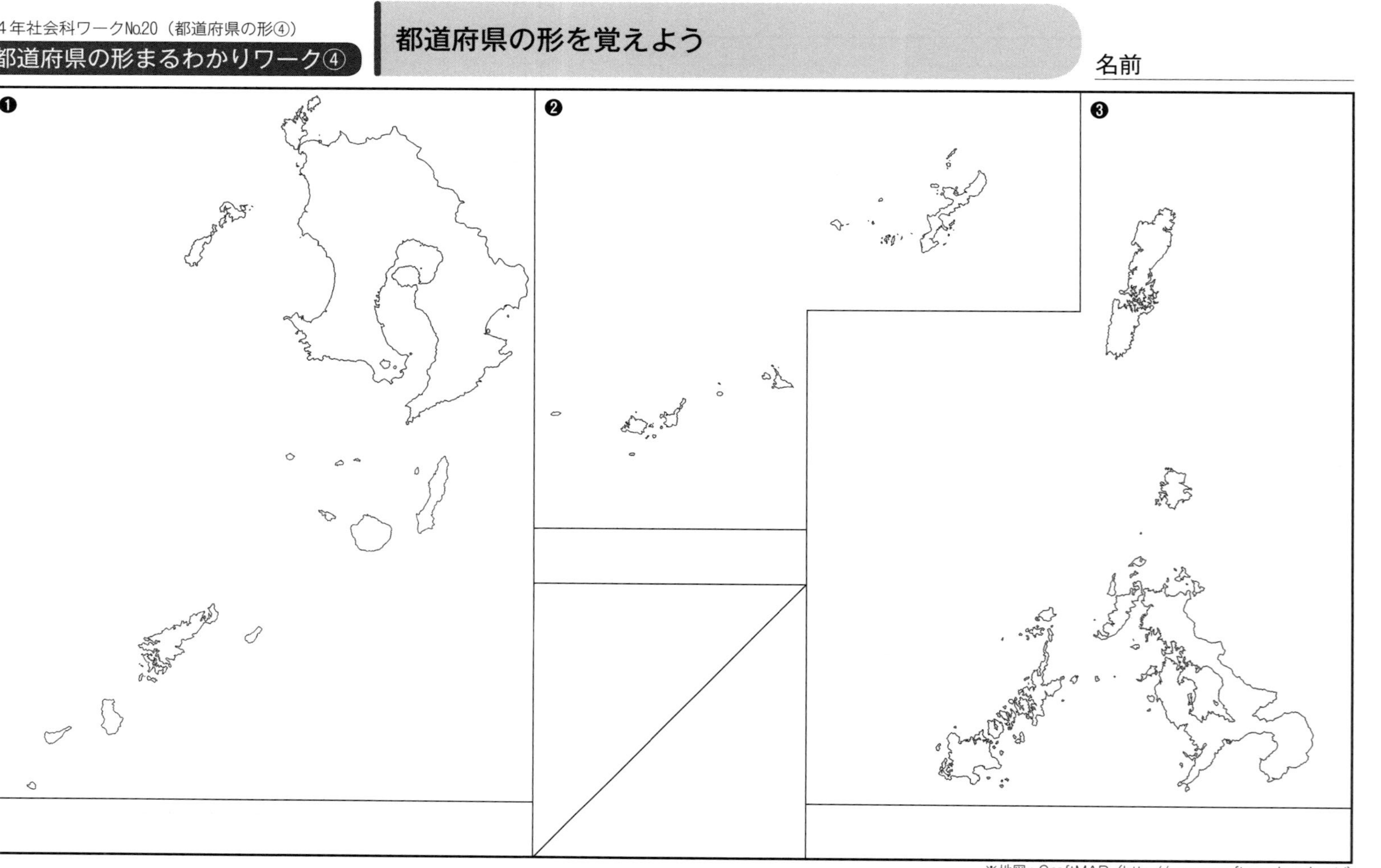

※地図：CraftMAP（http://www.craftmap.box-i.net/）

都道府県の形まるわかりワーク④

都道府県の形を覚えよう

解答 A

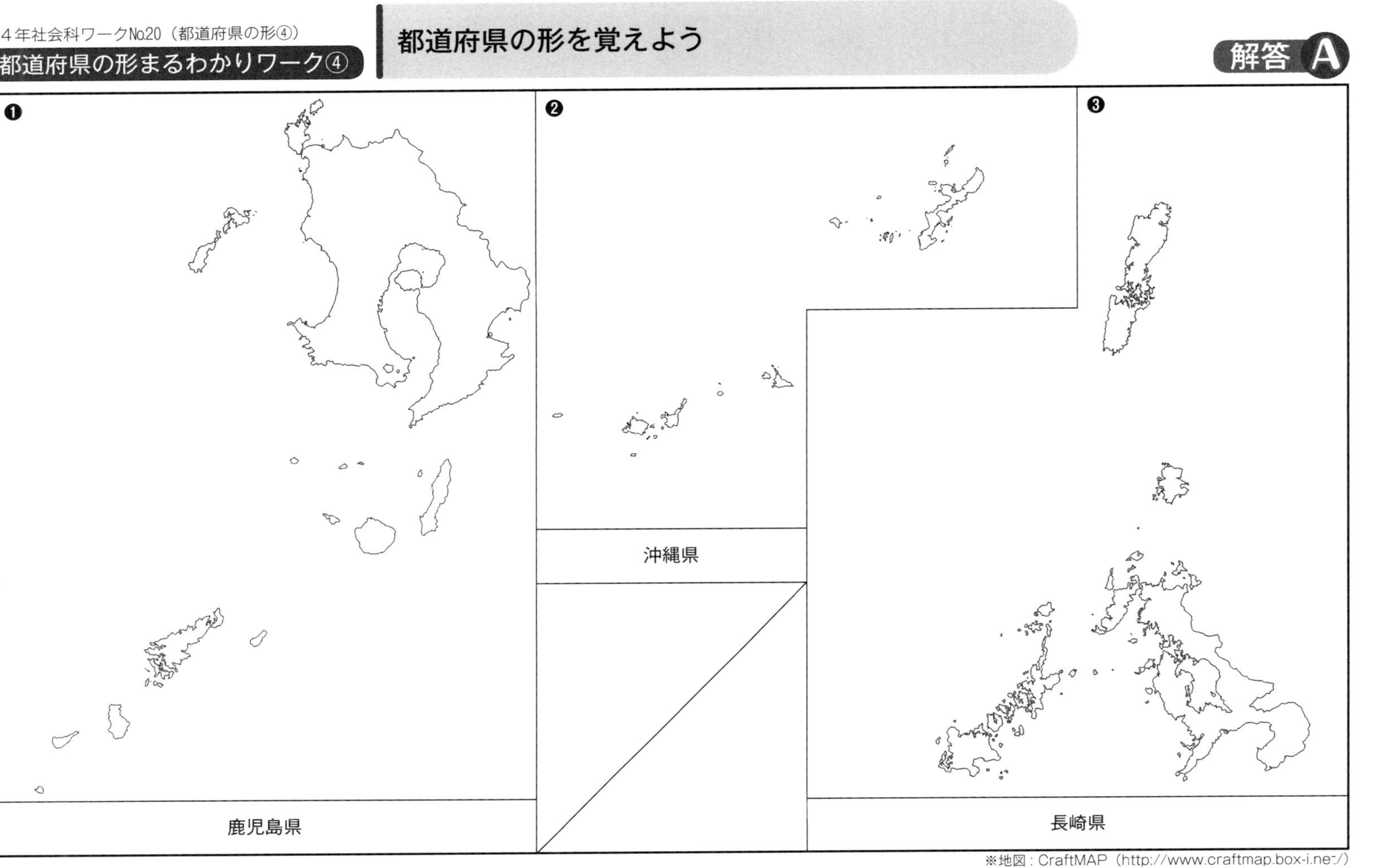

※地図：CraftMAP（http://www.craftmap.box-i.net/）

4年社会科ワークNo.21（特産物①）

都道府県東日本（特産物）まるわかりワーク

都道府県の特産物を調べてまとめよう

名前

北海道は日本の食料基地です。特に，（1　　　　　）や（2　　　　）といった乳製品や（3　　　　）などの畑作物を数多く生産しています。漁業もさかんで（4　　　　　）がたくさんとれます。

青森県といえば（5　　　　　）の生産が日本一です。中でも「ふじ」という品種が日本，世界で一番つくられている品種です。

秋田県といえば，つぶしたごはんを杉の棒に先端から包むように巻きつけて焼いた郷土料理（6　　　　　　　）が有名です。

山形県といえば（7　　　　　　　　）の生産が日本一です。中でも「佐藤錦」という品種が日本で一番つくられている品種です。

新潟県は全国一の米どころですが，よもぎだんごを笹の葉でくるんだ和菓子（8　　　　　　　）も有名です。

長野県はそばを麺として食べる発祥の地です。そばの店数も日本一で（9　　　　　）と呼ばれます。

山梨県といえば（9　　　　　　）の生産が日本一です。他にもももやすももも日本一でフルーツ王国と呼ばれます。

岩手県といえば（10　　　　　　　　　）が人気のお土産品です。

宮城県といえば，白身魚をすり身にした，（11　　　　　　）が人気のお土産品です。

福島県といえば（12　　　　　）の生産が全国2位で「あかつき」など大きくて高品質なももが特徴です。

群馬県の郷土料理と小麦粉の麺と，野菜を煮込んだ（13　　　　　　　）が有名です。

栃木県といえば（14　　　　　）の生産が日本一です。品種はとちおとめが人気です。

茨城県といえば（15　　　）の生産が日本一です。

埼玉県深谷市は（16　　　　　）の生産が日本一です。

東京では江戸時代から伝わるあさりやねぎの炊き込みご飯（17　　　）めしが有名です。

千葉県といえば全国8割のシェアを持つのが（18　　　　　　　）です。

神奈川県といえば横浜中華街の（19　　　　　　）が人気です。

4年社会科ワークNo.21（特産物①）

都道府県東日本（特産物）まるわかりワーク

都道府県の特産物を調べてまとめよう

解答A

北海道は日本の食料基地です。特に，（1 **牛乳**　）や（2 **チーズ**）といった乳製品や（3 **じゃがいも**　）などの畑作物を数多く生産しています。漁業もさかんで（4 **さけ**　）がたくさんとれます。

青森県といえば（5 **りんご**　）の生産が日本一です。中でも「ふじ」という品種が日本，世界で一番つくられている品種です。

秋田県といえば，つぶしたごはんを杉の棒に先端から包むように巻きつけて焼いた郷土料理（6 **きりたんぽ**　）が有名です。

山形県といえば（7 **さくらんぼ**　）の生産が日本一です。中でも「佐藤錦」という品種が日本で一番つくられている品種です。

新潟県は全国一の米どころですが，よもぎだんごを笹の葉でくるんだ和菓子（8 **笹だんご**　）も有名です。

長野県はそばを麺として食べる発祥の地です。そばの店数も日本一で（9 **信州そば**　）と呼ばれます。

山梨県といえば（9 **ぶどう**　）の生産が日本一です。他にもももやすももも日本一でフルーツ王国と呼ばれます。

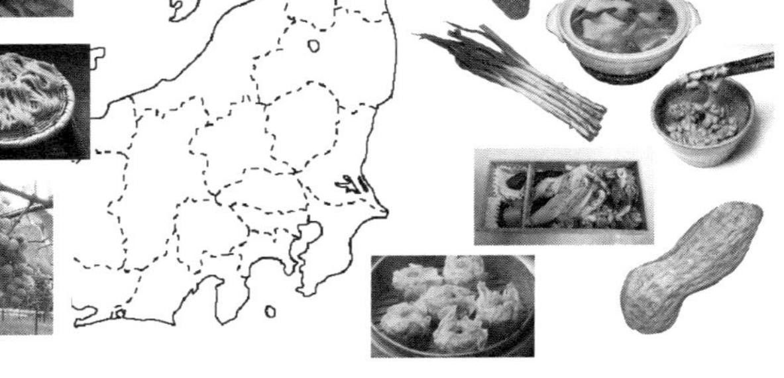

岩手県といえば（10 **南部せんべい**　）が人気のお土産品です。

宮城県といえば，白身魚をすり身にした，（11 **笹かまぼこ**）が人気のお土産品です。

福島県といえば（12 **もも**　）の生産が全国2位で「あかつき」など大きくて高品質なももが特徴です。

群馬県の郷土料理と小麦粉の麺と，野菜を煮込んだ（13 **おっきりこみ**）が有名です。

栃木県といえば（14 **いちご**）の生産が日本一です。品種はとちおとめが人気です。

茨城県といえば（15 **納豆**）の生産が日本一です。

埼玉県深谷市は（16 **深谷ねぎ**）の生産が日本一です。

東京では江戸時代から伝わるあさりやねぎの炊き込みご飯（17 **深川**）めしが有名です。

千葉県といえば全国8割のシェアを持つのが（18 **落花生**　）です。

神奈川県といえば横浜中華街の（19 **シュウマイ**　）が人気です。

4年社会科ワークNo.22（特産物②）

都道府県西日本（特産物）まるわかりワーク

都道府県の特産物を調べてまとめよう

名前

富山県の郷土料理（1　　　）はわっぱの底に放射状に笹をしきそこに鱒の切り身と酢飯をつめた押し寿司です。

石川県では多くの魚介類がとれますが中でも（2　　　）が有名です。

福井県の漁港で水あげされるズワイガニは，特に（3　　　）と呼ばれ有名です。

滋賀県で多く育てられる黒毛和種の和牛を（4　　　）と呼び日本を代表する肉牛です。

京都で多く栽培されている（5　　　）は大きく，全国的にも優れた品質です。

兵庫県では明石浦でとれる（6　　　）が有名で，脂がのってとても美味しいです。

鳥取県といえば（7　　　）の生産がさかんです。鳥取県の「二十世紀梨」は全国で最も食べられています。

岡山県といえばぶどうの生産がさかんです。特にグリーンの（8　　　）の9割が岡山県産です。

島根県といえば，宍道湖でとれる（9　　　）の生産で日本一です。

（12　　　）は福岡県発祥の料理として有名です。

広島県といえば（10　　　）の養殖・生産で日本一です。

長崎県といえばポルトガルから伝わった（13　　　）が有名です。

山口県といえば（11　　　）の産地で有名で，下関市には料理店が数多くあります。

佐賀県といえば（14　　　）の養殖・生産が日本一です。

鹿児島県はかつおの水あげがさかんで（15　　　）が特産物です。

宮崎県といえば（16　　　）の促成栽培が有名です。

大分県といえば干し（17　　　）の生産が日本一です。

静岡県といえば（18　　　）の生産が日本一です。

愛知県といえば卵・肉兼用の養鶏種である名古屋（19　　　）が有名です。

岐阜県といえば（20　　　）の生産がさかんです。栗きんとんの原材料に多く使われます。

三重県で多くの水あげ量を誇る水産物は（21　　　）で，高級食材です。

奈良県といえばハウスでの（22　　　）の生産が日本一です。

和歌山県といえば（23　　　）の生産が日本一です。

（24　　　）は大阪で生まれた料理で，今では全国に広まっています。

徳島県では（25　　　）の生産がさかんで，鳴門金時というブランドが有名です。

香川県といえば（26　　　）の生産が日本一です。たくさんのお店があります。

愛媛県といえば（27　　　）の生産で1,2を争います。

高知県といえば（28　　　）の生産が日本一です。

沖縄県といえば（29　　　）の生産が日本一です。

都道府県西日本（特産物）まるわかりワーク

都道府県の特産物を調べてまとめよう

解答A

富山県の郷土料理（1 **鱒寿司**）はわっぱの底に放射状に笹をしきそこに鱒の切り身と酢飯をつめた押し寿司です。

石川県では多くの魚介類がとれますが中でも（2 **あまエビ**）が有名です。

福井県の漁港で水あげされるズワイガニは，特に（3 **越前ガニ**　　　）と呼ばれ有名です。

滋賀県で多く育てられる黒毛和種の和牛を（4 **近江牛**）と呼び日本を代表する肉牛です。

京都で多く栽培されている（5 **京たけのこ**）は大きく，全国的にも優れた品質です。

兵庫県では明石浦でとれる（6 **もみじ鯛**　）が有名で，脂がのってとても美味しいです。

鳥取県といえば（7 **なし**）の生産がさかんです。鳥取県の「二十世紀梨」は全国で最も食べられています。

岡山県といえばぶどうの生産がさかんです。特にグリーンの（8 **マスカット**　　　）の9割が岡山県産です。

島根県といえば，宍道湖でとれる（9 **しじみ**　）の生産で日本一です。

（12 **めんたいこ**）は福岡県発祥の料理として有名です。

広島県といえば（10 **かき**　）の養殖・生産で日本一です。

長崎県といえばポルトガルから伝わった（13 **カステラ**）が有名です。

山口県といえば（11 **ふぐ**）の産地で有名で，下関市には料理店が数多くあります。

佐賀県といえば（14 **のり**　）の養殖・生産が日本一です。

鹿児島県はかつおの水あげがさかんで（15 **かつおぶし**）が特産物です。

宮崎県といえば（16 **ピーマン**　）の促成栽培が有名です。

大分県といえば干し（17 **しいたけ**）の生産が日本一です。

静岡県といえば（18 **お茶**）の生産が日本一です。

愛知県といえば卵・肉兼用の養鶏種である名古屋（19 **コーチン**　）が有名です。

岐阜県といえば（20 **栗**）の生産がさかんです。栗きんとんの原材料に多く使われます。

三重県で多くの水あげ量を誇る水産物は（21 **伊勢エビ**）で，高級食材です。

奈良県といえばハウスでの（22 **柿**）の生産が日本一です。

和歌山県といえば（23 **うめ**　）の生産が日本一です。

（24 **たこやき**）は大阪で生まれた料理で，今では全国に広まっています。

徳島県では（25 **さつまいも**）の生産がさかんで，鳴門金時というブランドが有名です。

香川県といえば（26 **うどん**）の生産が日本一です。たくさんのお店があります。

愛媛県といえば（27 **みかん**）の生産で1,2を争います。

高知県といえば（28 **なす**）の生産が日本一です。

沖縄県といえば（29 **パイナップル**）の生産が日本一です。

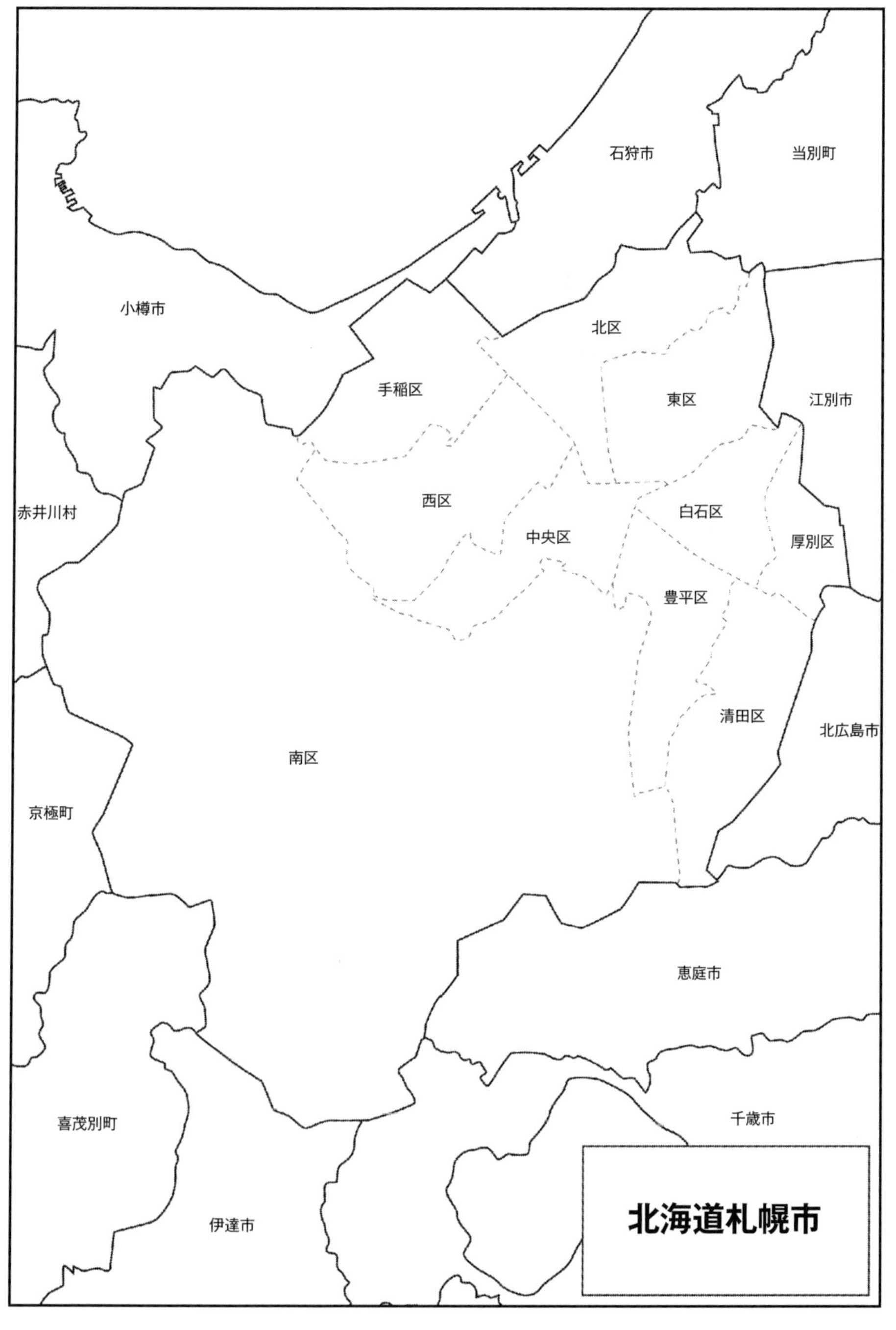
石狩市
当別町
小樽市
北区
手稲区
東区
江別市
西区
白石区
赤井川村
中央区
厚別区
豊平区
清田区
北広島市
南区
京極町
恵庭市
千歳市
喜茂別町
伊達市
北海道札幌市

4年

第6章

住みよいくらしをつくる編

飲料水，電気，ガスを供給する事業は，安全で安定的に供給できるよう進められていることや，地域の人々の健康な生活の維持と向上に役立っていることを理解します。また，廃棄物を処理する事業は，衛生的な処理や資源の有効利用ができるよう進められていることや，生活環境の維持と向上に役立っていることを理解します。

4年社会科ワークNo.23（水のゆくえ①）

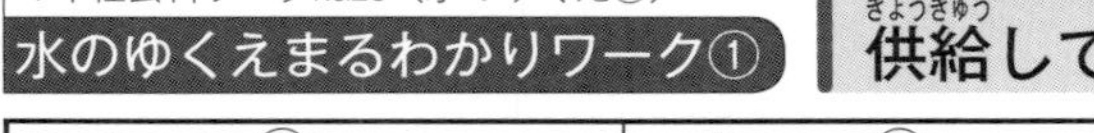

水のゆくえまるわかりワーク①

水道事業が安全で安定的に水を供給していることを調べてまとめよう

名前

❶覚えよう！

海や地上の水が（1　　　　）になって雨が降ります。水源となる森は（2　）をたくわえ，（2　）はゆっくりと地下にしみこみ泉となってわき出てきます。このわき水が川となって流れていきます。

❷覚えよう！

（3　　　　）は川の水を蓄えるために川の上流につくられます。川の水が少なくなった時に（3　）の水を放流します。川の水の量を（4　　　　）したり発電をしたりする役目があります。

❸覚えよう！

川の水を取り入れるところを（5　　　　）と言います。枝葉や砂利，ごみを取り込まないようにスクリーンと呼ばれる，ろ過装置が設置されています。

❹覚えよう！

（6　　　　　　）では取り入れた川の水の流速を調整し，水の中に含まれる砂や土，ごみなどのあらいものをゆるやかな流れの中で沈めていきます。

❺覚えよう！

フロック形成池では川の水と凝集剤と呼ばれる薬品を混ぜて，水中の（7　　　　　）を固めたフロックを形成していきます。

❻覚えよう！

凝集剤を入れられ，汚れが固まり始めたフロック形成水を，フロキュレーターと呼ばれる大きな羽がゆっくりと回りかき混ぜます。するとフロックがぶつかり合い，だんだん（8　　　　）なっていきます。

❼覚えよう！

汚れを固めたフロックを沈める場所を（9　　　　　）と言います。傾斜板という板がたくさんあって，フロックがまずこの板に落ちます。そして傾斜板にそって底まで落ちていきます。

❽覚えよう！

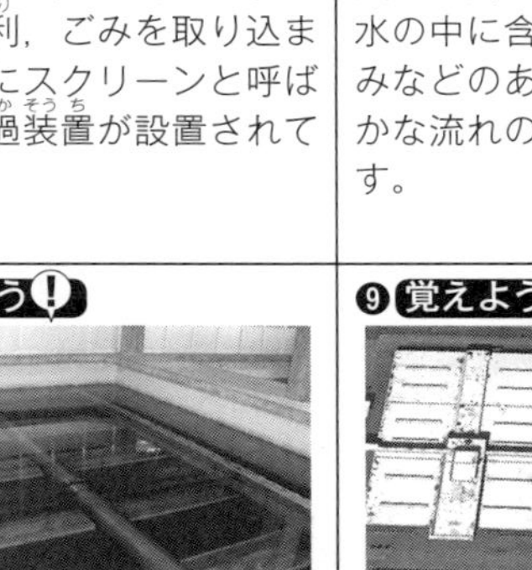

（10　　　　　）では沈殿水の上澄み水を砂に通してろ過し，細かい汚れを取り除きます。ろ過砂は大きさが1mmほどの砂を70cmの厚さでしきつめています。

❾覚えよう！難

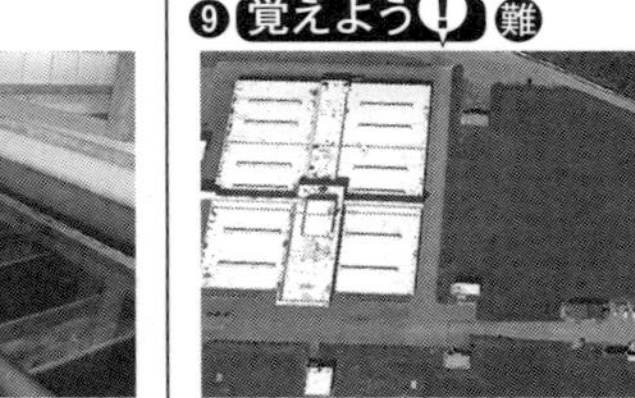

（10　）で処理された水は塩素で（11　　　　　）され，（12　　　　　）にためられます。浄水池は写真の芝生（色のこい部分）の地下にある大きな水槽にあります。

❿チャレンジ✓

13）中央管理室では24時間水の状態を監視しています。なぜでしょうか。

ヒント　ろ過池／調節／水蒸気／沈砂池／浄水池／水／ごみ／ダム／沈殿池／取水口／大きく／消毒

4年社会科ワークNo.23（水のゆくえ①）

水のゆくえまるわかりワーク①

水道事業が安全で安定的に水を供給していることを調べてまとめよう

解答A

❶覚えよう！

海や地上の水が（1 **水蒸気**）になって雨が降ります。水源となる森は（2 **水**）をたくわえ，（2 ）はゆっくりと地下にしみこみ泉となってわき出てきます。このわき水が川となって流れていきます。

❷覚えよう！

（3 **ダム** ）は川の水を蓄えるために川の上流につくられます。川の水が少なくなった時に（3 ）の水を放流します。川の水の量を（4 **調節** ）したり発電をしたりする役目があります。

❸覚えよう！

川の水を取り入れるところを（5 **取水口** ）と言います。枝葉や砂利，ごみを取り込まないようにスクリーンと呼ばれる，ろ過装置が設置されています。

❹覚えよう！

（6 **沈砂池** ）では取り入れた川の水の流速を調整し，水の中に含まれる砂や土，ごみなどのあらいものをゆるやかな流れの中で沈めていきます。

❺覚えよう！

フロック形成池では川の水と凝集剤と呼ばれる薬品を混ぜて，水中の（7 **ごみ** ）を固めたフロックを形成していきます。

❻覚えよう！

凝集剤を入れられ，汚れが固まり始めたフロック形成水を，フロキュレーターと呼ばれる大きな羽がゆっくりと回りかき混ぜます。するとフロックがぶつかり合い，だんだん（8 **大きく** ）なっていきます。

❼覚えよう！

汚れを固めたフロックを沈める場所を（9 **沈殿池** ）と言います。傾斜板という板がたくさんあって，フロックがまずこの板に落ちます。そして傾斜板にそって底まで落ちていきます。

❽覚えよう！

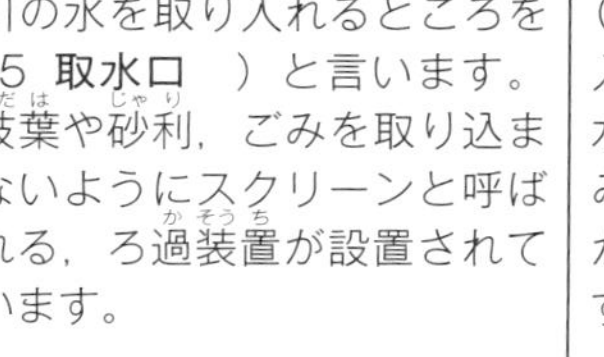

（10 **ろ過池** ）では沈殿水の上澄み水を砂に通してろ過し，細かい汚れを取り除きます。ろ過砂は大きさが1㎜ほどの砂を70㎝の厚さでしきつめています。

❾覚えよう！難

（10 ）で処理された水は塩素で（11 **消毒** ）され，（12 **浄水池** ）にためられます。浄水池は写真の芝生（色のこい部分）の地下にある大きな水槽にあります。

❿チャレンジ✓

13）中央管理室では24時間水の状態を監視しています。なぜでしょうか。

機械がきちんと動いているか，ごみがきちんと固まっているか，安全な水道水になっているかを常に確認している。

知っ得！ 日本にはダムがおよそ3,200ヶ所あります。ダムは水の確保だけではなく，大雨による洪水を防ぐために，水の量を調節します。

4年社会科ワークNo.24（水のゆくえ②）

水のゆくえまるわかりワーク②

水道事業が安全で安定的に水を供給していることを調べてまとめよう

名前

❶ 覚えよう！

浄水場での水質検査は51項目以上にもなります。さらに浄水場の水で水質変化に敏感な（1　　　）を飼育して，その動きを監視しています。これをバイオアッセイと言います。

❷ 覚えよう！

水をあたためると水に溶けている物質の（2　　　）が強くなる性質を利用し，（2 ）の程度で水質を検査します。これをオーダーモニターと言います。

❸ 覚えよう！

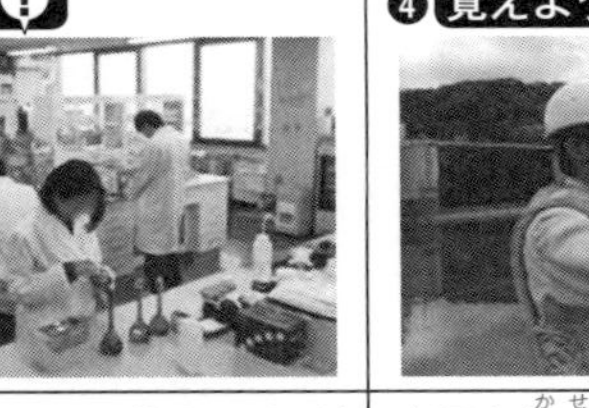

（3　　　）して飲むことができる水を届けるために水質管理センターでは水源から蛇口までの水質を最新の機器や手法で毎日厳重に検査しています。

❹ 覚えよう！

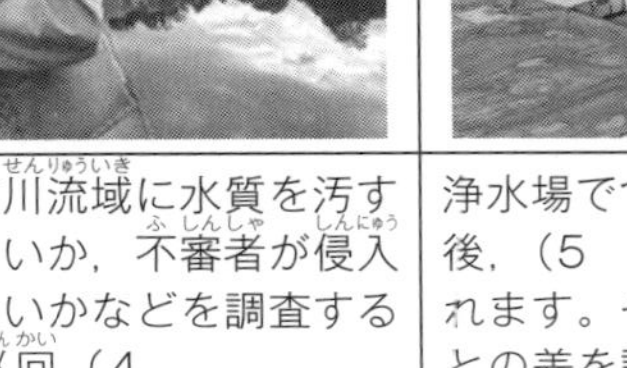

水源や河川流域に水質を汚す事故がないか，不審者が侵入していないかなどを調査するために巡回（4　　　）をしています。

❺ 覚えよう！ 難

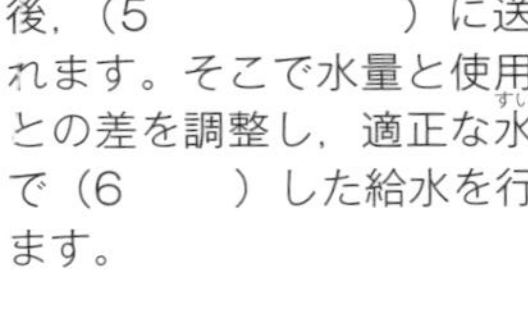

浄水場でつくられた水はその後，（5　　　）に送られます。そこで水量と使用量との差を調整し，適正な水圧で（6　　　）した給水を行います。

❻ 考えよう？

浄水場でつくられた水は各家庭へ地下の（7　　　）を通って送られます。2018年で98%の普及率となっていますが，その多くが老朽化しており，これから全国的になおしていくには130年かかります。

❼ 覚えよう！

（7 ）の老朽化や地震などでひびが入り，（8　　　）が起こると地下に水があふれ地面が崩れることもあります。水道局員は定期的に（9　　　）音を聞いて検査をします。

❽ 考えよう？

地震などの災害発生で水道が使えないときに備えて，市民が集まって，飲料水を得る施設を（10　　　）施設と言います。公園や学校などに設置され，地下に水槽が埋められています。

❾ 覚えよう！

地震などの災害発生時に近くに（10 ）施設がないという地域には学校や公園などを拠点に（11　　　）が送られます。専用ポリ袋を配布して飲料水を配ります。

❿ チャレンジ✓

12）川の上流には水源の碑がつくられています。どのような願いがあるのでしょう。

ヒント　漏水／パトロール／ヤマメ／給水／安定／安心／水道管／配水池／給水タンク車／におい／水漏れ

水のゆくえまるわかりワーク②

水道事業が安全で安定的に水を供給していることを調べてまとめよう

解答 A

❶覚えよう！	❷覚えよう！	❸覚えよう！	❹覚えよう！	❺覚えよう！ 難
		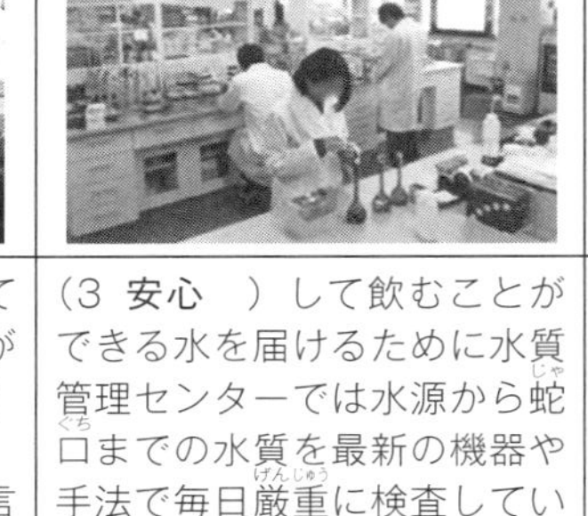		 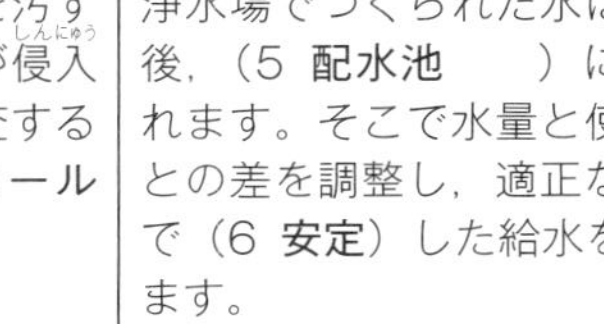
浄水場での水質検査は51項目以上にもなります。さらに浄水場の水で水質変化に敏感な（1 **ヤマメ**）を飼育して，その動きを監視しています。これをバイオアッセイと言います。	水をあたためると水に溶けている物質の（2 **におい** ）が強くなる性質を利用し，（2 ）の程度で水質を検査します。これをオーダーモニターと言います。	（3 **安心** ）して飲むことができる水を届けるために水質管理センターでは水源から蛇口までの水質を最新の機器や手法で毎日厳重に検査しています。	水源や河川流域に水質を汚す事故がないか，不審者が侵入していないかなどを調査するために巡回（4 **パトロール** ）をしています。	浄水場でつくられた水はその後，（5 **配水池** ）に送られます。そこで水量と使用量との差を調整し，適正な水圧で（6 **安定**）した給水を行います。
❻考えよう？	**❼覚えよう！**	**❽考えよう？**	**❾覚えよう！**	**❿チャレンジ✓**
				 12）川の上流には水源の碑がつくられています。どのような願いがあるのでしょう。
浄水場でつくられた水は各家庭へ地下の（7 **水道管**）を通って送られます。2018年で98％の普及率となっていますが，その多くが老朽化しており，これから全国的になおしていくには130年かかります。	（7 ）の老朽化や地震などでひびが入り，（8 **水漏れ** ）が起こると地下に水があふれ地面が崩れることもあります。水道局員は定期的に（9 **漏水**）音を聞いて検査をします。	地震などの災害発生で水道が使えないときに備えて，市民が集まって，飲料水を得る施設を（10 **給水** ）施設と言います。公園や学校などに設置され，地下に水槽が埋められています。	地震などの災害発生時に近くに（10 ）施設がないという地域には学校や公園などを拠点に（11 **給水タンク車** ）が送られます。専用ポリ袋を配布して飲料水を配ります。	**水は生き物が生きていく上で必要不可欠なものであり，それは自然がつくる大切なものである。その自然の恵みに感謝している。**

知っ得！ バイオアッセイでは金魚やヒメダカ，コイ，フナ，ウグイ，ニジマスなどの淡水魚が使われます。

4年社会科ワークNo.25（水のゆくえ③）

水のゆくえまるわかりワーク③

下水道事業では衛生的な処理が行われていることを調べてまとめよう

名前

❶ 考えよう？

発生源別排水BOD負荷割合 H20年
生活 71.9%
産業 17.6%
畜産 5.3%
他 5.2%

上の円グラフは汚れた水を浄化する負荷量の割合でその7割が（1　　　　　　）です。

❷ 考えよう？

生活排水 250L/人/日 43gBOD/人/日
し尿 30%
雑排水 70%
台所 40%
風呂 20%
他 10%

生活排水の4割は（2　　）から出る排水です。また3割が（3　　　）による排水です。

❸ 覚えよう！

生活排水や（4　　　　）は地下を通る（5　　　　）を通って処理場へ運ばれます。（5 ）には勾配がついており坂を下るように処理場へ向かいます。

❹ 覚えよう！ 難

集まってきた下水は沈砂池で石や砂，（6　　　　）を沈めます。その後（7　　　）で処理場までくみ上げます。

❺ 覚えよう！

ゆっくりと汚水を流して細かい汚れを底に沈めるための池を（8　　　　　　）と言います。

❻ 覚えよう！

反応タンクは汚水をきれいにする（9　　　　　）が住んでいる池です。常に空気が送られ，元気な（9 ）が汚れを食べてくれます。

❼ 覚えよう！

汚れを食べて大きくなった（9 ）を底に沈め上澄みのきれいな水を取り出します。この池を（10　　　　　　）と言います。

❽ 覚えよう！

処理した水は薬で消毒し，さらに砂で（11　　　）して，川に放流します。ここを高度処理施設と言います。

❾ 覚えよう！

（11 ）のための砂は上部から下部にかけて砂の大きさが（12　　　　）なっていきます。小さい砂の直径は1.2mmほど，大きい砂利は直径30～50mmの大きさがあります。

❿ チャレンジ✓

13）下水処理場では24時間体制で下水処理の情報モニターを監視しています。どんなことに気をつけているのでしょう。

ヒント　微生物／し尿／ろ過／ごみ／雨水／最初沈澱池／下水管／生活用水／最終沈殿池／大きく／台所／ポンプ

水のゆくえまるわかりワーク③

下水道事業では衛生的（えいせいてき）な処理が行われていることを調べてまとめよう

解答 A

❶ 考えよう？

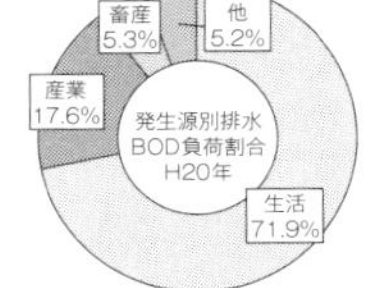

上の円グラフは汚（よご）れた水を浄化する負荷量（ふかりょう）の割合でその7割が（1 **生活用水**　　　）です。

❷ 考えよう？

し尿 30%　生活排水 250L/人/日 43gBOD/人/日　台所 40%　雑排水 70%　風呂 20%　他 10%

生活排水（はいすい）の4割は（2 **台所**）から出る排水です。また3割が（3 **し尿**　　）による排水です。

❸ 覚えよう！

生活排水や（4 **雨水**　　）は地下を通る（5 **下水管**　）を通って処理場へ運ばれます。（5 ）には勾配（こうばい）がついており坂を下るように処理場へ向かいます。

❹ 覚えよう！ 難

集まってきた下水は沈砂池で石や砂，（6 **ごみ**　　）を沈めます。その後（7 **ポンプ**）で処理場までくみ上げます。

❺ 覚えよう！

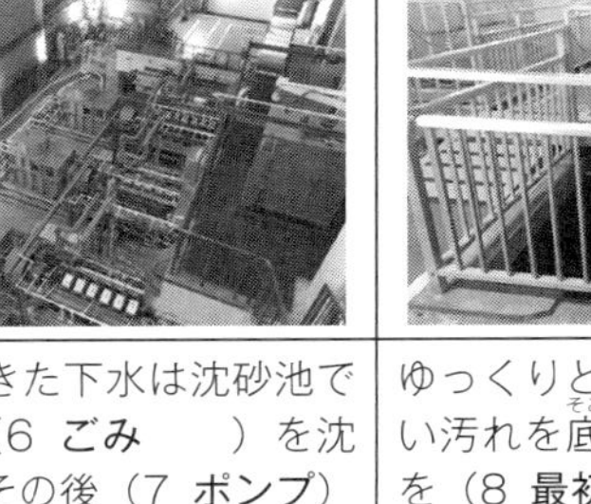

ゆっくりと汚水を流して細かい汚れを底（そこ）に沈めるための池を（8 **最初沈澱池**　　　）と言います。

❻ 覚えよう！

反応タンクは汚水をきれいにする（9 **微生物**　　　）が住んでいる池です。常（つね）に空気が送られ，元気な（9 ）が汚れを食べてくれます。

❼ 覚えよう！

汚れを食べて大きくなった（9 ）を底に沈め上澄（ず）みのきれいな水を取り出します。この池を（10 **最終沈殿池**　）と言います。

❽ 覚えよう！

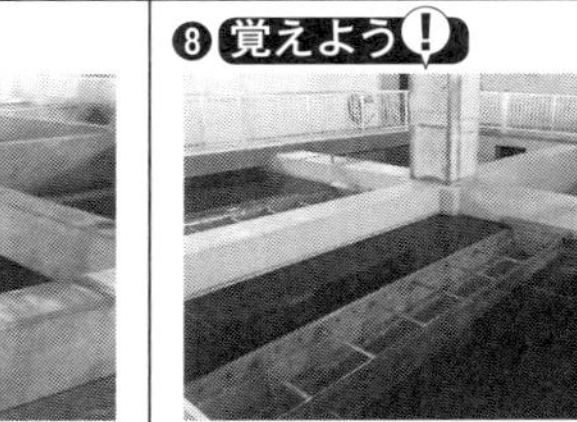

処理した水は薬で消毒し，さらに砂で（11 **ろ過**　）して，川に放流します。ここを高度処理施設と言います。

❾ 覚えよう！

（11 ）のための砂は上部から下部にかけて砂の大きさが（12 **大きく**　　）なっていきます。小さい砂の直径は1.2mmほど，大きい砂利は直径30～50mmの大きさがあります。

❿ チャレンジ✓

13）下水処理場では24時間体制で下水処理の情報モニターを監視しています。どんなことに気をつけているのでしょう。

下水が正しく処理されているか，急激な雨水の増加はないかを監視している。

知っ得！ マンホールは地下の下水道に入るための入り口です。フタが丸いのは万が一ずれても落下しないようにです。

4年社会科ワークNo.26（ごみのゆくえ①）

ごみのゆくえまるわかりワーク①

廃棄物(はいきぶつ)であるごみを処理したり処分したりする仕組みについて調べてまとめよう

名前

❶ 覚えよう！

各市町村ではいろいろな種類に分けてごみを出すことになっています。多くは（1　　　）ごみ，（2　　　）ごみ，資源ごみ，粗大(そだい)ごみなどに分かれます。

❷ 覚えよう！

ごみ出しのきまりは地域によって違いますが，決められた日に（3　　　）に捨(す)てに行きます。決められた収集(しゅうしゅう)の日に違(ちが)うごみを出すと収集されません。

❸ 覚えよう！

（3 ）に集まった，ごみを収集するのが（4　　　）車です。資源(しげん)ごみなどはトラックで運んでいきます。2~3人の清掃事務所(せいそうじむしょ)の（5　　　）が収集します。

❹ 覚えよう！

ごみを収集した（4 ）車は，ごみを（6　　　）へ運びます。車ごと計量した後プラットホームに進み，ごみピットにごみを排出します。

❺ 覚えよう！

ごみピットにはおよそ1週間分のごみをためることができます。その間にクレーンを使ってごみを（7　　　）ます。これはごみの質を均一(きんいつ)化するためです。

❻ 覚えよう！

ごみピットにためられたごみは次に（8　　　）へ送られます。そこでは800度以上の高温で焼却(しょうきゃく)します。燃やすことで発生する排ガスは（9　　　）なものを取り除いてきれいにします。

❼ 考えよう？

中央制御室(ちゅうおうせいぎょしつ)ではごみ処理の様子を，コンピュータを使って管理しています。たくさんのモニターが並び，工場の人が（10　　　）交代で監視しています。

❽ 覚えよう！

ごみを焼却した後に残る，（11　　　）は（12　　　）に運ばれ埋められます。その他，燃やせないごみや粗大ごみも埋められます。しかしあと20年でいっぱいになってしまいます。

❾ 覚えよう！ 難

ごみを燃やした後に残った灰を高温で溶かし固めたものを（13　　　）と言います。レンガやタイルの原料や（14　　　）で使用する砂として使われます。

❿ チャレンジ✓

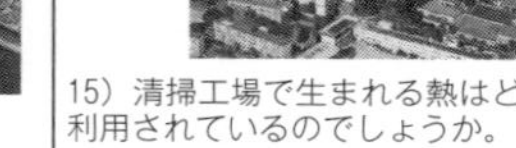

15）清掃工場で生まれる熱はどのように利用されているのでしょうか。

ヒント　燃やせる／パッカー／ごみ捨て場／燃やせない／スラグ／清掃工場／焼却炉／かきまぜ／有害／24時間／道路／埋立地／清掃員／灰

廃棄物であるごみを処理したり処分したりする仕組みについて調べてまとめよう

解答A

❶覚えよう!

各市町村ではいろいろな種類に分けてごみを出すことになっています。多くは（1 **燃やせる**）ごみ，（2 **燃やせない**）ごみ，資源ごみ，粗大ごみなどに分かれます。

❷覚えよう!

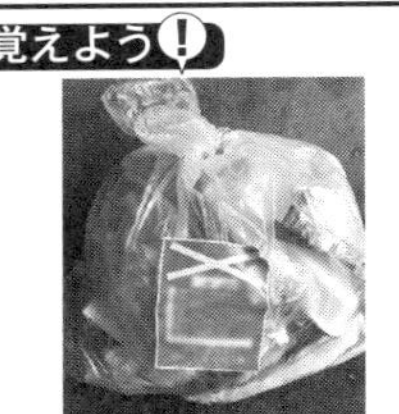

ごみ出しのきまりは地域によって違いますが，決められた日に（3 **ごみ捨て場**　　）に捨てに行きます。決められた収集の日に違うごみを出すと収集されません。

❸覚えよう!

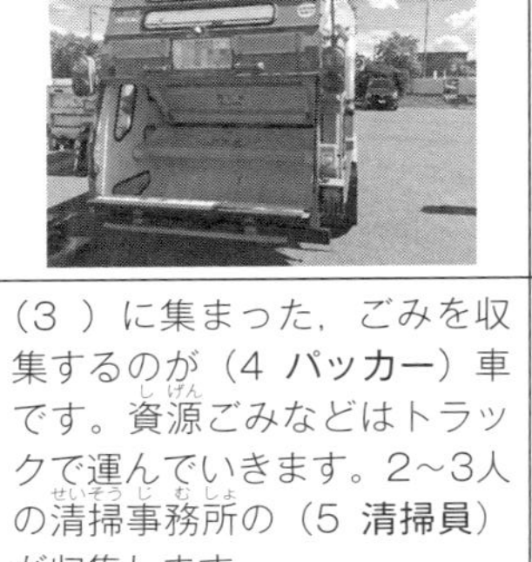

（3 ）に集まった，ごみを収集するのが（4 **パッカー**）車です。資源ごみなどはトラックで運んでいきます。2~3人の清掃事務所の（5 **清掃員**）が収集します。

❹覚えよう!

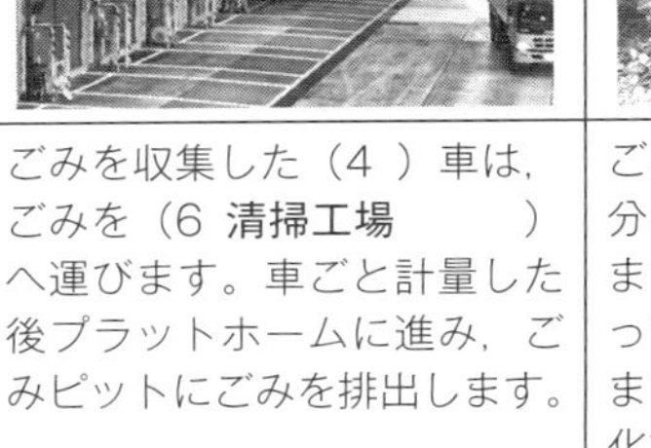

ごみを収集した（4 ）車は，ごみを（6 **清掃工場**　　）へ運びます。車ごと計量した後プラットホームに進み，ごみピットにごみを排出します。

❺覚えよう!

ごみピットにはおよそ1週間分のごみをためることができます。その間にクレーンを使ってごみを（7 **かきまぜ**　）ます。これはごみの質を均一化するためです。

❻覚えよう!

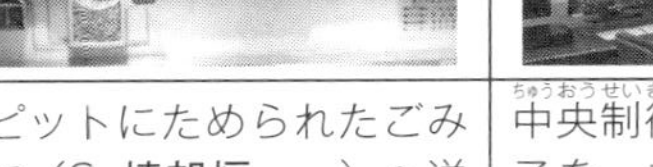

ごみピットにためられたごみは次に（8 **焼却炉**　　）へ送られます。そこでは800度以上の高温で焼却します。燃やすことで発生する排ガスは（9 **有害**　　）なものを取り除いてきれいにします。

❼考えよう?

中央制御室ではごみ処理の様子を，コンピュータを使って管理しています。たくさんのモニターが並び，工場の人が（10 **24時間**　　）交代で監視しています。

❽覚えよう!

ごみを焼却した後に残る，（11 **灰**　）は（12 **埋立地**　）に運ばれ埋められます。その他，燃やせないごみや粗大ごみも埋められます。しかしあと20年でいっぱいになってしまいます。

❾覚えよう! 難

ごみを燃やした後に残った灰を高温で溶かし固めたものを（13 **スラグ**　　）と言います。レンガやタイルの原料や（14 **道路**　　）で使用する砂として使われます。

❿チャレンジ✓

15）清掃工場で生まれる熱はどのように利用されているのでしょうか。

清掃工場で生まれる熱は蒸気となりタービンをまわし発電に利用されたり，温水となってプールなどで利用されている。

知っ得! 埋立地には限界があります。現在の埋立地の残り寿命は約20年ですが，人口減少やリサイクルの促進で残余年数はのびています。

4年社会科ワークNo.27（ごみのゆくえ②）

ごみのゆくえまるわかりワーク②

廃棄物であるごみを処理したり処分したりする仕組みについて調べてまとめよう

名前

❶覚えよう！	❷覚えよう！	❸覚えよう！	❹覚えよう！	❺覚えよう！
集めるごみの中には資源となるごみもあります。びんや缶，（1　　　　　　），包装容器の（2　　　　　　），粗大ごみなどがそれにあたります。	資源ごみはそれぞれの地域にある（3　　　　　　）センターに運ばれます。スチール缶はつぶされ別の製品にかわり（4　　　　　　）缶は再び（4）になったり，自動車の部品になったりします。	（5　　　　　　）びんは色別に細かくくだかれ（6　　　　　　）になり，その後再び（5）びんとしてリサイクルされます。	回収された（1）はベルトコンベアにのせられて，作業員がキャップやラベルをとるなど，（7　　　　　　）で進めます。その後シートや卵パック，シャツなどにリサイクルされます。	プラスチックごみやトレーも別のベルトコンベアにのせられてきます。その中から作業員が（8　　　　　　）ものをとり除きます。
❻覚えよう！	❼覚えよう！	❽覚えよう！難	❾覚えよう！	❿チャレンジ✓ 16）身の回りにあるごみを減らす取り組みにはどのようなものがありますか。
各地域で回収された，汚れていない古紙は（9　　　　　　）と呼ばれ，再生紙をつくる工場へ送られます。工場では，（9）は溶かされ，金属やプラスチック，インクなどを除去します。	家具，電化製品，自転車，などの（10　　　　　　）ごみは，指定日に自宅の前などで回収されます。使えるものは（11　　　　　　）センターへ，それ以外は分別され，処理されます。	工場や工事現場，発電所，畜産農場から出るごみは（12　　　　　　）と呼ばれ，出したところが責任を持って処理したり，リサイクルしたりします。	ごみになるものを減らすことを（13　　　　　　），くりかえし使うことを（14　　　　　　），つくり直したり，原料に戻したりし再び使うことを（15　　　　　　）と言います。	

ヒント　リユース／不要な／トレー／アルミ／ガラス／手作業／ペットボトル／雑がみ／リサイクル／リサイクル／カレット／産業廃棄物／粗大／リデュース／リサイクル

ごみのゆくえまるわかりワーク②

廃棄物であるごみを処理したり処分したりする仕組みについて調べてまとめよう

解答 A

❶ 覚えよう！

集めるごみの中には資源となるごみもあります。びんや缶，（1 ペットボトル ），包装容器の（2 トレー ），粗大ごみなどがそれにあたります。

❷ 覚えよう！

資源ごみはそれぞれの地域にある（3 リサイクル ）センターに運ばれます。スチール缶はつぶされ別の製品にかわり（4 アルミ ）缶は再び（4 ）になったり，自動車の部品になったりします。

❸ 覚えよう！

（5 ガラス ）びんは色別に細かくくだかれ（6 カレット ）になり，その後再び（5 ）びんとしてリサイクルされます。

❹ 覚えよう！

回収された（1 ）はベルトコンベアにのせられて，作業員がキャップやラベルをとるなど，（7 手作業 ）で進めます。その後シートや卵パック，シャツなどにリサイクルされます。

❺ 覚えよう！

プラスチックごみやトレーも別のベルトコンベアにのせられてきます。その中から作業員が（8 不要な ）ものをとり除きます。

❻ 覚えよう！

各地域で回収された，汚れていない古紙は（9 雑がみ ）と呼ばれ，再生紙をつくる工場へ送られます。工場では，（9 ）は溶かされ，金属やプラスチック，インクなどを除去します。

❼ 覚えよう！

家具，電化製品，自転車，などの（10 粗大 ）ごみは，指定日に自宅の前などで回収されます。
使えるものは（11 リサイクル ）センターへ，それ以外は分別され，処理されます。

❽ 覚えよう！ 難

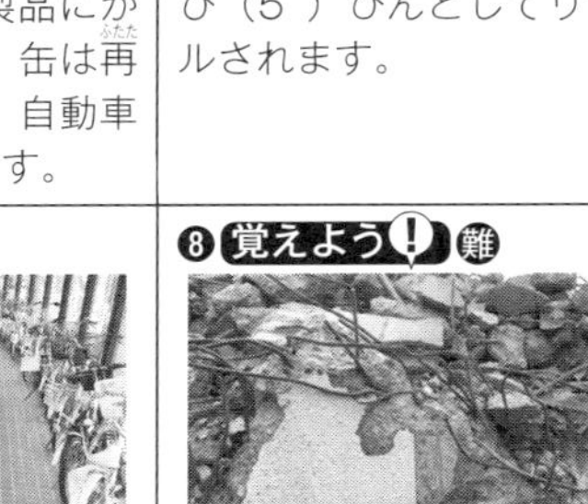

工場や工事現場，発電所，畜産農場から出るごみは（12 産業廃棄物 ）と呼ばれ，出したところが責任を持って処理したり，リサイクルしたりします。

❾ 覚えよう！

ごみになるものを減らすことを（13 リデュース），くりかえし使うことを（14 リユース），つくり直したり，原料に戻したりし再び使うことを（15 リサイクル）と言います。

❿ チャレンジ✓

16）身の回りにあるごみを減らす取り組みにはどのようなものがありますか。

スーパーマーケットでは，油，トレーや牛乳パック，蛍光灯など家庭では捨てにくいものを集めている。

知っ得！ 注射器などの医療行為に関係して出る廃棄物は「医療廃棄物」と呼び，感染の危険もあるため捨て方にもルールがあります。

電気のゆくえまるわかりワーク

電気事業が安全で安定的に電気を供給していることを調べてまとめよう

名前

❶覚えよう！

台風や地震の影響で町全体の電気が止まってしまうことを（1　　　　）と言います。（1　）になると電化製品が使えなくなるだけでなく信号なども表示されません。

❷覚えよう！

発電に使う燃料のほとんどは外国から運ばれます。燃料には石油，石炭，ウランなどがあり，写真の船は，（2　　　　）を運ぶ運搬船です。

❸覚えよう！

石油や石炭，天然ガスなどの（3　　）燃料を燃やしたときの熱を利用して蒸気をつくり，その力で（4　　　　）を回して発電機を動かして発電するのが（5　　　　）発電です。

❹覚えよう！

水が高いところから低いところへ落ちるときの力を使って（6　　　　）を回し発電機を動かして発電するのが（7　　　　）発電です。

❺覚えよう！

原子炉の中で（8　　　　）が核分裂するときに発生する熱を利用して蒸気をつくり（4　）を回して発電機を動かして発電するのが，（9　　　　）発電です。

❻考えよう？

各発電所でつくられた電気は（10　　　　）を通って各地へ送られます。電気は休むことなく送られ，速度は光と同等と言われています。電力会社によって高所の部品の点検も行われています。

❼考えよう！難

発電所でつくられた電気は，送る途中でのロスをなくすために（11　　　　）で電圧を高くします。

❽覚えよう！

ブレードと呼ばれる羽の部分に風が当たることで軸を回転させ，発電します。これを（12　　　　）発電と呼び，自然の力を利用する発電として注目されています。

❾覚えよう！

太陽の光を電気にかえるものを（13　　　　）と言います。この電池をたくさんならべて大きな電力を生み出す発電を（14　　　　）発電と言います。

❿チャレンジ✓

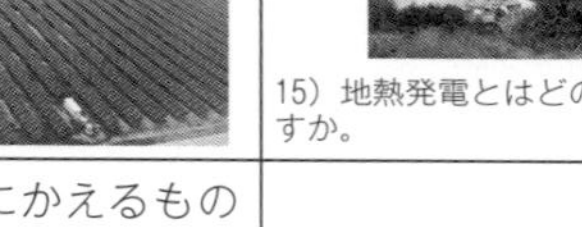

15）地熱発電とはどのような発電方法ですか。

ヒント　停電／化石／天然ガス／タービン／原子力／変電所／水力／火力／送電線／水車／風力／太陽光／太陽電池／ウラン

電気のゆくえまるわかりワーク

電気事業が安全で安定的に電気を供給していることを調べてまとめよう

解答A

❶ 覚えよう！

台風や地震の影響で町全体の電気が止まってしまうことを（1 **停電**　）と言います。（1 ）になると電化製品が使えなくなるだけでなく信号なども表示されません。

❷ 覚えよう！

発電に使う燃料のほとんどは外国から運ばれます。燃料には石油，石炭，ウランなどがあり，写真の船は，（2 **天然ガス**　）を運ぶ運搬船です。

❸ 覚えよう！

石油や石炭，天然ガスなどの（3 **化石**）燃料を燃やしたときの熱を利用して蒸気をつくり，その力で（4 **タービン**）を回して発電機を動かして発電するのが（5 **火力**　）発電です。

❹ 覚えよう！

水が高いところから低いところへ落ちるときの力を使って（6 **水車**　）を回し発電機を動かして発電するのが（7 **水力**　）発電です。

❺ 覚えよう！

原子炉の中で（8 **ウラン**）が核分裂するときに発生する熱を利用して蒸気をつくり（4 ）を回して発電機を動かして発電するのが，（9 **原子力**　）発電です。

❻ 考えよう？

各発電所でつくられた電気は（10 **送電線**　）を通って各地へ送られます。電気は休むことなく送られ，速度は光と同等と言われています。電力会社によって高所の部品の点検も行われています。

❼ 考えよう！ 難

発電所でつくられた電気は，送る途中でのロスをなくすために（11 **変電所**　）で電圧を高くします。

❽ 覚えよう！

ブレードと呼ばれる羽の部分に風が当たることで軸を回転させ，発電します。これを（12 **風力**　）発電と呼び，自然の力を利用する発電として注目されています。

❾ 覚えよう！

太陽の光を電気にかえるものを（13 **太陽電池**　）と言います。この電池をたくさんならべて大きな電力を生み出す発電を（14 **太陽光**）発電と言います。

❿ チャレンジ✓

15）地熱発電とはどのような発電方法ですか。

地熱発電は火山の近くの地下にたまっている熱い地下水や蒸気の力でタービンを回し発電する方式。

知っ得！ バイオマス燃料は木のくずやわら，動物のふん，食品の生ゴミなどを燃やしたり，ガスにして発電する仕組みです。

ガスのゆくえまるわかりワーク

ガス事業が安全で安定的に電気を供給していることを調べてまとめよう

名前

❶ 覚えよう！

家庭で料理をするときに煮（に）たり，茹（ゆ）でたりする調理器具に（1　　　　　）コンロがあります。青い炎（ほのお）がいつまでも続くのは（1 ）が燃焼しているからです。

❷ 覚えよう！

家庭にボンベで届けられる（2　　　　　　）ガスは液化したものが入っています。使用するときには気体となりますが，空気より（3　　　）のが特徴です。液化石油ガスとも呼ばれます。

❸ 覚えよう！

地中のガス管を通じて各家庭に届けられるガスを（4　　）ガスと呼んでいます。気体のままガス管を通り，空気より（5　　　）のが特徴です。天然ガスとも呼ばれます。

❹ 覚えよう！

ガスは冷却して液体にして（6　　　　　）で運ばれてきます。石油と違い世界各地で産出されるので世界各国から輸入（ゆにゅう）しています。

❺ 覚えよう！

運ばれてきた液化ガスは巨大な（7　　　　）に保管されます。天然ガスの場合，－162度に冷却することで液体となり保存されています。

❻ 考えよう？

（4 ）ガスは気体になってガス管を通って都市部（むしゅう）に運ばれます。もともと無臭ですが，わざと（8　　　　　　）をつけています。漏（も）れたときにすぐに気がつくように工夫しています。

❼ 考えよう？

都市部に送られたガスは供給所の（9　　　　　　　）にためられています。高い圧力（あつりょく）がかけられているので，圧力がどこも等しくなるように形が（10　　　　）になっています。

❽ 覚えよう！ 難

ガス会社の（11　　　　　）センターではガスが正常に流れているかどうかを（12　）時間，交代で見守っています。いつでも使えるようにつくる量を調整しています。

❾ 考えよう？

天然ガスを燃料として走る自動車も多くあり，路線バスもその一つです。排気ガスの中に含まれる（13　　　　）物質が少ないことから広く普及しています。

❿ チャレンジ✓

14）ガスの長所と短所は何があるか？

ヒント 供給指令／タンカー／プロパン（LP）／軽い／重い／タンク／ガスホルダー／都市／有害／球体／ガス／24／におい

ガスのゆくえまるわかりワーク

ガス事業が安全で安定的に電気を供給していることを調べてまとめよう

解答A

❶ 覚えよう！

家庭で料理をするときに煮（に）たり，茹（ゆ）でたりする調理器具に（1 **ガス**　　）コンロがあります。青い炎（ほのお）がいつまでも続くのは（1 ）が燃焼しているからです。

❷ 覚えよう！

家庭にボンベで届けられる（2 **プロパン（LP）**）ガスは液化したものが入っています。使用するときには気体となりますが，空気より（3 **重い**）のが特徴です。液化石油ガスとも呼ばれます。

❸ 覚えよう！

地中のガス管を通じて各家庭に届けられるガスを（4 **都市**　）ガスと呼んでいます。気体のままガス管を通り，空気より（5 **軽い**　）のが特徴です。天然ガスとも呼ばれます。

❹ 覚えよう！

ガスは冷却して液体にして（6 **タンカー**　）で運ばれてきます。石油と違い世界各地で産出（さんしゅつ）されるので世界各国から輸入（ゆにゅう）しています。

❺ 覚えよう！

運ばれてきた液化ガスは巨大な（7 **タンク**　）に保管されます。天然ガスの場合，－162度に冷却することで液体となり保存されています。

❻ 考えよう？

（4 ）ガスは気体になってガス管を通って都市部に運ばれます。もともと無臭（むしゅう）ですが，わざと（8 **におい**　　）をつけています。漏（も）れたときにすぐに気がつくように工夫しています。

❼ 考えよう？

都市部に送られたガスは供給所の（9 **ガスホルダー**　　）にためられています。高い圧（あつ）力（りょく）がかけられているので，圧力がどこも等しくなるように形が（10 **球体**　　）になっています。

❽ 覚えよう！ 難

ガス会社の（11 **供給指令**　）センターではガスが正常に流れているかどうかを（12 **24**　）時間，交代で見守っています。いつでも使えるように，つくる量を調整しています。

❾ 考えよう？

天然ガスを燃料として走る自動車も多くあり，路線バスもその一つです。排気ガスの中に含まれる（13 **有害**　　）物質が少ないことから広く普及しています。

❿ チャレンジ✓

14）ガスの長所と短所は何があるか？

天然ガスは石炭や石油に比べてCO_2が少ないクリーンエネルギー。また，産出される場所が多いので安定供給できる。しかし目に見えない気体なので漏れると危険。

知っ得！ 都市ガスはメタンを主成分とする天然ガスで，LP ガスはプロパン，ブタンを主成分とする液化石油ガスです。

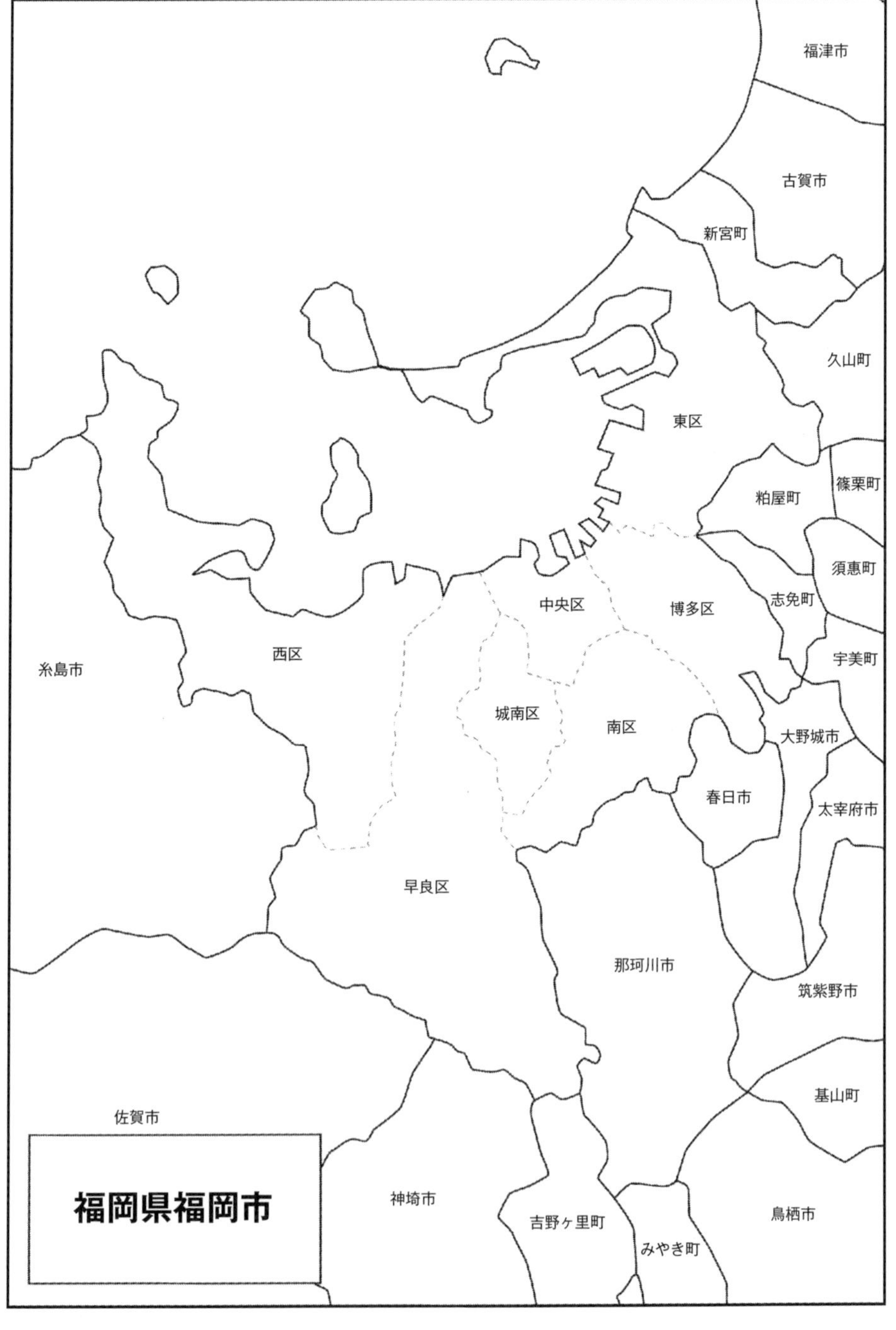
福津市
古賀市
新宮町
久山町
東区
粕屋町
篠栗町
須恵町
志免町
中央区
博多区
宇美町
西区
糸島市
城南区
南区
大野城市
春日市
太宰府市
早良区
那珂川市
筑紫野市
基山町
佐賀市
福岡県福岡市
神埼市
吉野ヶ里町
みやき町
鳥栖市

4年

第７章

自然災害から人々を守る編

地震災害，津波災害，風水害，火山災害，雪害などから人々を守るために，県庁や市役所の働きなどを取り上げ，防災情報の発信，避難体制の確保などの働き，自衛隊など国の機関との関わりを理解します。

また，地域で起こり得る災害を想定し，日頃から必要な備えをするなど，自分たちにできることをするのが大切です。

4年社会科ワークNo.30（自然災害：地震）

自然災害（地震）まるわかりワーク

地域の人々や関係機関が自然災害に対し様々な備えをしていることを調べてまとめよう

名前

❶ 覚えよう！

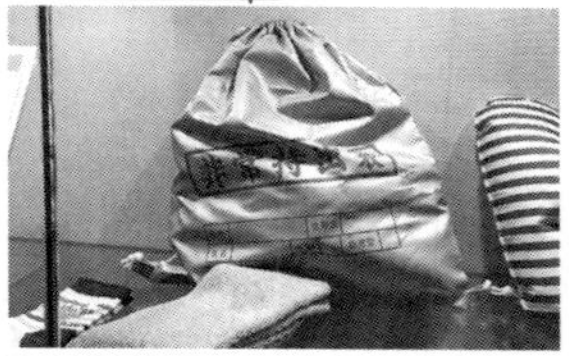

日本は災害の多い国です。特に大地が大きく揺れる（1　　　）は規模が大きく，日常生活が脅かされることがあるために日ごろから（2　　　）用のリュックなどの準備が必要です。

❷ 覚えよう！

（2　）用リュックの中には，数年保存できる水や（3　　　　）を準備しておくと便利です。またライトやラジオなどは（4　　　　）で発電できるものもあり便利です。

❸ 覚えよう！

（1　）のときは大きな揺れで部屋の家具などが倒れてくることもあります。そのため写真のような（5　　　　）防止の対策をしておくことが大切です。

❹ 覚えよう！ 難

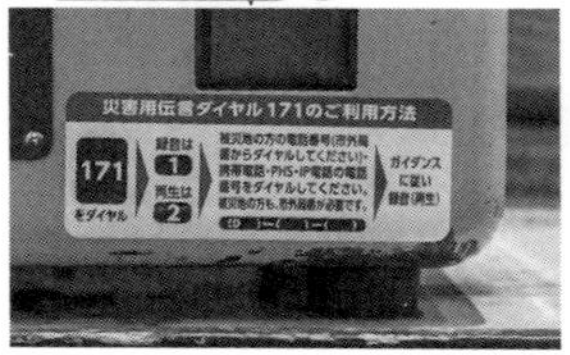

（1　）のときは電話やメールも使えなくなることがあります。そのようなときのために，伝言を残すことができる災害用伝言ダイヤル（6　　　）というサービスがあります。

❺ 覚えよう！

学校では（1　）に備えて，年に数回（7　　　　）を行います。放送の指示があったらすぐに（8　　）を守ります。その後は，決められた避難（9　　　）を通って決められた場所に集合します。

❻ 考えよう？

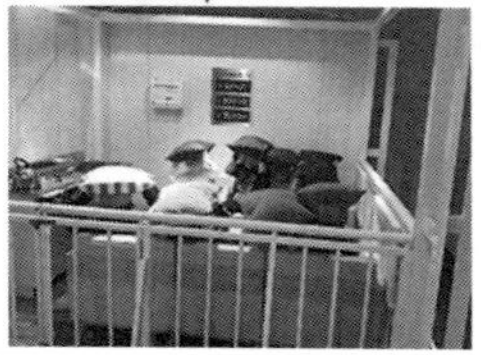

地域にある市民防災センターでは（1　）体験や消火体験など各種災害の模擬体験をすることができます。（1　）体験コーナーでは最大震度（10　　　　）の揺れの体験をすることができます。

❼ 考えよう？

災害時に救援物資が届くまでの間に必要なものが，町内会が管理する（11　　　　　）倉庫や市町村が管理する学校の（12　　　　　）にあり，非常食，簡易トイレ，発電機，医薬品などがあります。

❽ 覚えよう！

（1　）の揺れによって海に大きな波が発生し，海岸からおし寄せる現象を（13　　　）と呼びます。それを防ぐためにつくられているのが（14　　　）です。

❾ 覚えよう！

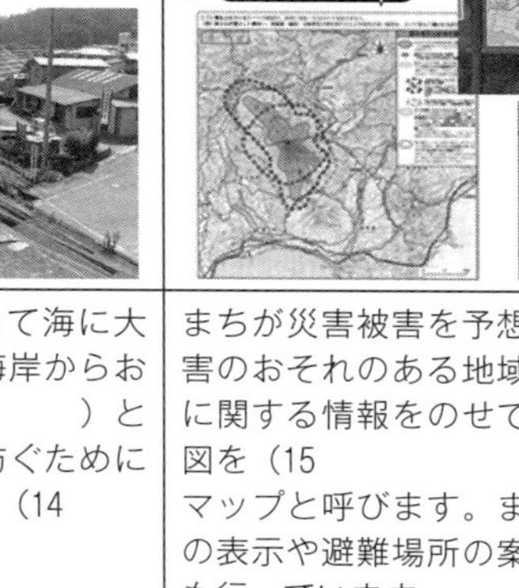

まちが災害被害を予想し，被害のおそれのある地域や避難に関する情報をのせている地図を（15　　　　　）マップと呼びます。また海抜の表示や避難場所の案内なども行っています。

❿ チャレンジ✓

16）災害に備えて住民ができることにはどんなことがありますか？

ヒント　防潮堤／転倒／津波／避難／171／備蓄庫／地震／身／手回し／経路／防災／ハザード／食料／避難訓練／7

4年社会科ワークNo.30（自然災害：地震）

自然災害（地震）まるわかりワーク

地域の人々や関係機関が自然災害に対し様々な備えをしていることを調べてまとめよう

解答 A

❶ 覚えよう！

日本は災害の多い国です。特に大地が大きく揺れる（1 地震　）は規模が大きく，日常生活が脅かされることがあるために日ごろから（2 避難）用のリュックなどの準備が必要です。

❷ 覚えよう！

（2 ）用リュックの中には，数年保存できる水や（3 食料　　）を準備しておくと便利です。またライトやラジオなどは（4 手回し　　）で発電できるものもあり便利です。

❸ 覚えよう！

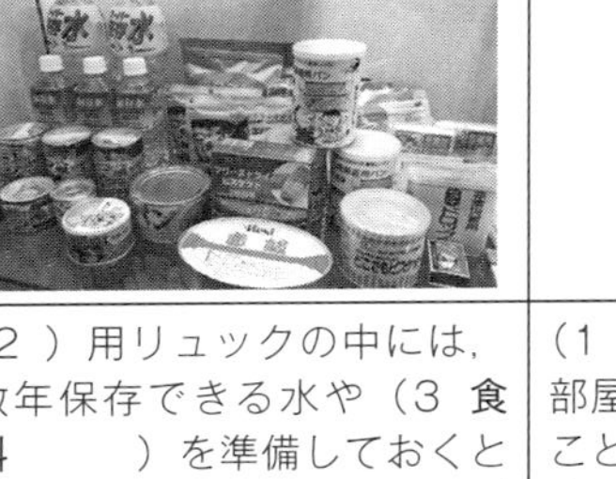

（1 ）のときは大きな揺れで部屋の家具などが倒れてくることもあります。そのため写真のような（5 転倒　　）防止の対策をしておくことが大切です。

❹ 覚えよう！ 難

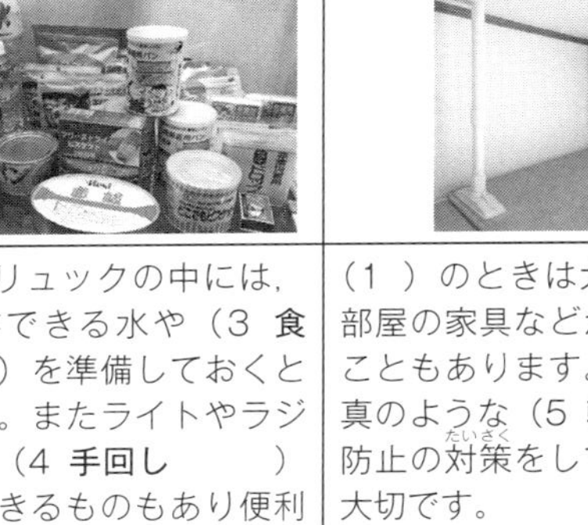

（1 ）のときは電話やメールも使えなくなることがあります。そのようなときのために，伝言を残すことができる災害用伝言ダイヤル（6 171　）というサービスがあります。

❺ 覚えよう！

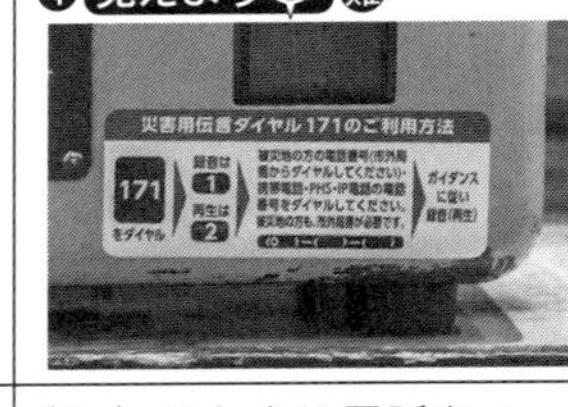

学校では（1 ）に備えて，年に数回（7 避難訓練）を行います。放送の指示があったらすぐに（8 身）を守ります。その後は，決められた避難（9 経路）を通って決められた場所に集合します。

❻ 考えよう？

地域にある市民防災センターでは（1 ）体験や消火体験など各種災害の模擬体験をすることができます。（1 ）体験コーナーでは最大震度（10 7　　）の揺れの体験をすることができます。

❼ 考えよう？

災害時に救援物資が届くまでの間に必要なものが，町内会が管理する（11 防災　　）倉庫や市町村が管理する学校の（12 備蓄庫　　）にあり，非常食，簡易トイレ，発電機，医薬品などがあります。

❽ 覚えよう！

（1 ）の揺れによって海に大きな波が発生し，海岸からおし寄せる現象を（13 津波）と呼びます。それを防ぐためにつくられているのが（14 防潮堤　）です。

❾ 覚えよう！

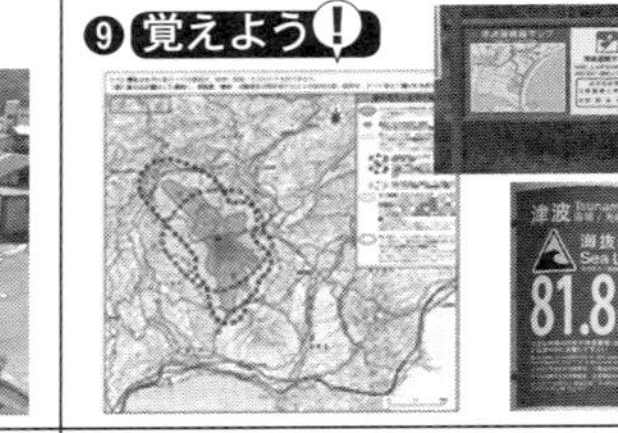

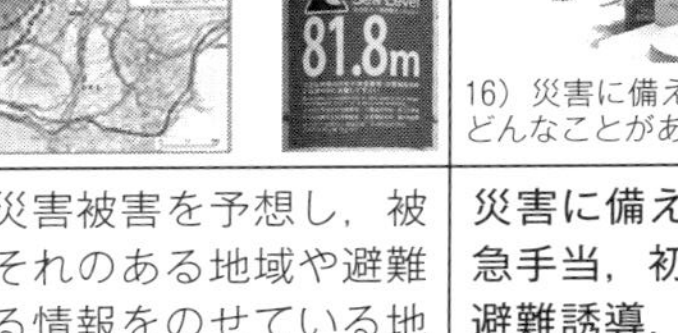

まちが災害被害を予想し，被害のおそれのある地域や避難に関する情報をのせている地図を（15 ハザード　　）マップと呼びます。また海抜の表示や避難場所の案内なども行っています。

❿ チャレンジ✓

16）災害に備えて住民ができることにはどんなことがありますか？

災害に備えて，炊き出し，応急手当，初期消火，救急活動，避難誘導，情報伝達などの訓練を行うことが大切。

知っ得！ 津波は遠く離れた場所の地震でも日本に被害をもたらします。1960年に起きたチリ地震では，地震発生から22時間後に6mの津波が三陸海岸に到達し142人が犠牲になりました。

4年社会科ワークNo.31（自然災害：風水害）

風水害まるわかりワーク

地域の人々や関係機関が自然災害に対し様々な備えをしていることを調べてまとめよう

名前

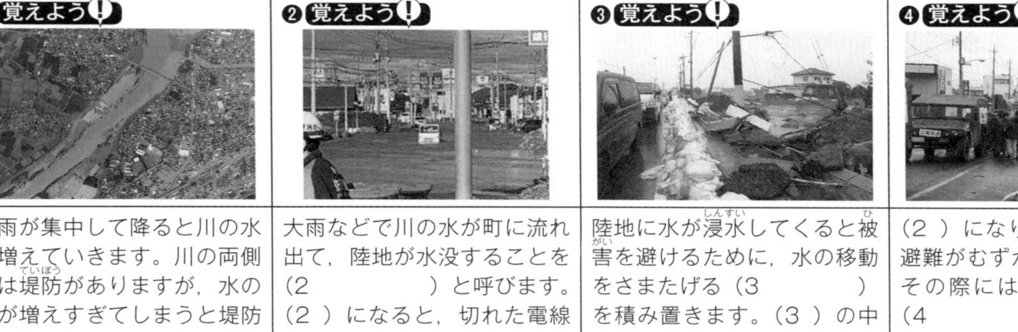

❶覚えよう!

大雨が集中して降ると川の水が増えていきます。川の両側には堤防(ていぼう)がありますが，水の量が増えすぎてしまうと堤防が（1　　　　）し，町に川の水が流れ込みます。

❷覚えよう!

大雨などで川の水が町に流れ出て，陸地が水没することを（2　　　　　）と呼びます。（2 ）になると，切れた電線による感電や下水と混ざり合って不衛生(ふえいせい)な状況(じょうきょう)になります。

❸覚えよう!

陸地に水が浸水(しんすい)してくると被害(ひがい)を避けるために，水の移動をさまたげる（3　　　　）を積み置きます。（3 ）の中には土砂が入っていて大変重くなっています。

❹覚えよう!

（2 ）になり水かさが増すと避難がむずかしくなります。その際には，消防の人々は（4　　　　）を出して救助に向かいます。

❺覚えよう!

さらに水かさが増し，水の流れが早くなると救出がむずかしくなります。そのようなときは自衛隊(じえいたい)や消防が（5　　　　　）を出して屋根などに取り残された人々を救出します。

❻覚えよう?

日本は強い風や雨をもたらす（6　　　）の通り道となっています。大雨だけではなく，強い風が建物の屋根を吹き飛ばすなどの被害を起こします。局地的に発生する（7　　　　）も大きな被害を生みます。

❼考えよう?

このような風水害が起きると壊れた建物の残がいや，水びたしになって使い物にならなくなった家具や電化製品が大量のごみとなります。これを（8　　　　　）ごみと呼びます。

❽覚えよう!

災害が起きると，水道が破損(はそん)し，水が出なくなったり，電気が通らなくなったりします。そのようなときは自治体が（9　　　　）車を出して，各地に飲料水や生活用水を配給します。

❾覚えよう! 難

災害が起きると，壊(こわ)れた家の片付けや，洪水による泥(どろ)の運搬(うんぱん)など大変な作業が残ります。自治体では全国から（10　　　　　）を募集(ぼしゅう)し，集まった多くの人々が手伝いをします。

❿チャレンジ✓

11）避難所ではどんな苦労がありますか？

ヒント 災害ボランティア／竜巻／洪水／ボート／決壊／台風／災害／土のう／ヘリコプター／給水

※②③⑥⑦⑧⑨⑩写真：災害写真データベース

風水害まるわかりワーク

地域の人々や関係機関が自然災害に対し様々な備えをしていることを調べてまとめよう

解答 A

❶ 覚えよう！

大雨が集中して降ると川の水が増えていきます。川の両側には堤防がありますが，水の量が増えすぎてしまうと堤防が（1 **決壊**　）し，町に川の水が流れ込みます。

❷ 覚えよう！

大雨などで川の水が町に流れ出て，陸地が水没することを（2 **洪水**　）と呼びます。（2 ）になると，切れた電線による感電や下水と混ざり合って不衛生な状況になります。

❸ 覚えよう！

陸地に水が浸水してくると被害を避けるために，水の移動をさまたげる（3 **土のう**　）を積み置きます。（3 ）の中には土砂が入っていて大変重くなっています。

❹ 覚えよう！

（2 ）になり水かさが増すと避難がむずかしくなります。その際には，消防の人々は（4 **ボート**　）を出して救助に向かいます。

❺ 覚えよう！

さらに水かさが増し，水の流れが早くなると救出がむずかしくなります。そのようなときは自衛隊や消防が（5 **ヘリコプター**　）を出して屋根などに取り残された人々を救出します。

❻ 覚えよう？

日本は強い風や雨をもたらす（6 **台風**　）の通り道となっています。大雨だけではなく，強い風が建物の屋根を吹き飛ばすなどの被害を起こします。局地的に発生する（7 **竜巻**　）も大きな被害を生みます。

❼ 考えよう？

このような風水害が起きると壊れた建物の残がいや，水びたしになって使い物にならなくなった家具や電化製品が大量のごみとなります。これを（8 **災害**　）ごみと呼びます。

❽ 覚えよう！

災害が起きると，水道が破損し，水が出なくなったり，電気が通らなくなったりします。そのようなときは自治体が（9 **給水**　）車を出して，各地に飲料水や生活用水を配給します。

❾ 覚えよう！ 難

災害が起きると，壊れた家の片付けや，洪水による泥の運搬など大変な作業が残ります。自治体では全国から（10 **災害ボランティア**　）を募集し，集まった多くの人々が手伝いをします。

❿ チャレンジ✓

11）避難所ではどんな苦労がありますか？

避難所は遮るものがなくプライバシーなどが守られない。また，風邪などが蔓延することもある。

知っ得！ 自衛隊は災害が発生すると，捜索，救助，水防，医療，防疫，給水，輸送など様々な活動を行います。東日本大震災では10万人を超す隊員が対応しました。

※②③⑥⑦⑧⑨⑩写真：災害写真データベース

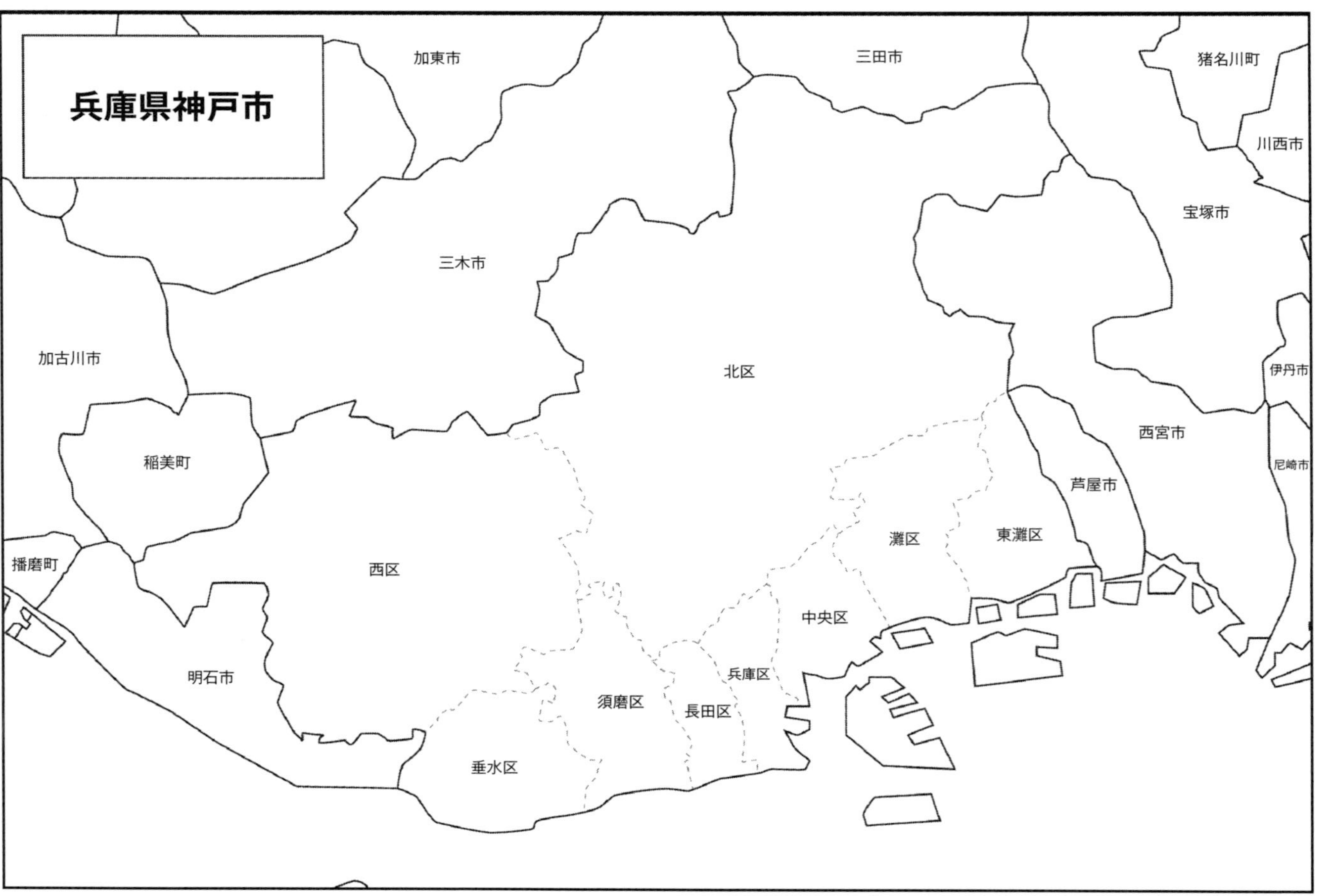
兵庫県神戸市
加東市
三田市
猪名川町
川西市
宝塚市
三木市
加古川市
北区
伊丹市
西宮市
尼崎市
稲美町
芦屋市
東灘区
灘区
播磨町
西区
中央区
兵庫区
明石市
須磨区
長田区
垂水区

4年

第8章

特色ある地域編

各地域には特色ある美しい景観を持つ地域や，歴史的な価値の高い，特色のある地域などがあります。その中でも，特に国として指定しているものを集めてみました。自分が住んでいない地域の特色を覚えましょう。

4年社会科ワークNo.32（現存12天守）

現存12天守　まるわかりワーク

全国に残る現存12天守を調べてまとめよう

名前

日本の城の天守のうち，江戸時代またはそれ以前に建築され，現在まで保存されている天守が12天守あります。

福井県坂井市にある（3　　　　）は1268年（諸説あり）に建てられた天守です。

長野県松本市にある，（2　　　　）は1594年に建てられた天守です。12天守の中で唯一平城です。国宝にも指定されています。

青森県弘前市にある（1　　　　）は1811年に建てられた天守が今も残っています。

愛知県犬山市にある（4　　　　）は1537年に建てられた天守です。国宝です。

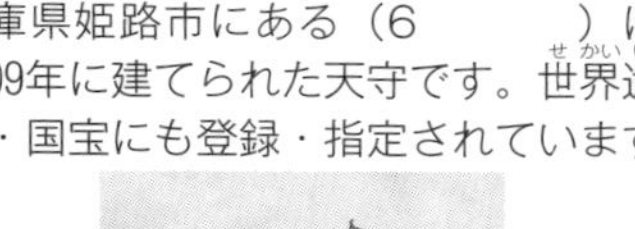

滋賀県彦根市にある（5　　　　）は1622年に建てられた天守です。国宝にも指定されています。

兵庫県姫路市にある（6　　　　）は1609年に建てられた天守です。世界遺産・国宝にも登録・指定されています。

島根県松江にある（7　　　　）は1611年に建てられた天守です。国宝にも指定されています。

愛媛県松山市にある（10　　　　）は1854年に建てられた天守です。

岡山県高梁市にある（8　　　　）は1683年に建てられた天守です。

愛媛県宇和島市にある（11　　　　）は1671年に建てられた天守です。

高知県高知市にある（12　　　　）は1749年に建てられた天守です。

香川県丸亀市にある（9　　　　）は1660年に建てられた天守です。

全国に残る現存12天守を調べてまとめよう

解答A

日本の城の天守のうち，江戸時代またはそれ以前に建築され，現在まで保存されている天守が12天守あります。

福井県坂井市にある（3 **丸岡城**）は1268年（諸説あり）に建てられた天守です。

長野県松本市にある，（2 **松本城**）は1594年に建てられた天守です。12天守の中で唯一（ゆいいつ）平城です。国宝にも指定されています。

青森県弘前市にある（1 **弘前城**）は1811年に建てられた天守が今も残っています。

愛知県犬山市にある（4 **犬山城**）は1537年に建てられた天守です。国宝です。

滋賀県彦根市にある（5 **彦根城**）は1622年に建てられた天守です。国宝にも指定されています。

兵庫県姫路市にある（6 **姫路城**）は1609年に建てられた天守です。世界遺産（せかいいさん）・国宝にも登録・指定されています。

高知県高知市にある（12 **高知城**）は1749年に建てられた天守です。

愛媛県松山市にある（10 **松山城**）は1854年に建てられた天守です。

愛媛県宇和島市にある（11 **宇和島城**）は1671年に建てられた天守です。

島根県松江市にある（7 **松江城**）は1611年に建てられた天守です。国宝にも指定されています。

岡山県高梁市にある（8 **備中松山城**）は1683年に建てられた天守です。

香川県丸亀市にある（9 **丸亀城**）は1660年に建てられた天守です。

４年社会科ワークNo.33（美しい景観①）

美しい景観まるわかりワーク①

芸術上または観賞上価値が高い土地，「特別名勝」を調べてまとめよう

名前

❶覚えよう！	❷覚えよう！	❸覚えよう！	❹覚えよう！	❺覚えよう！
（1　　　）は青森県の十和田市にある14kmにわたる渓流です。（2　　　）湖とともに特別名勝，天然記念物に指定されています。	（3　　　）は岩手県平泉町にある寺院の庭園です。平安時代につくられました。また，中尊寺金色堂とともに（4　　　）にも登録されています。	（5　　　）は宮城県の松島湾内外にある260余りの島々です。丘陵が沈み込んだところに海水が入り込みできた地形です。（6　　　）の一つです。	（7　　　）は東京都にある徳川家に仕えた大名の庭園です。平坦な土地に土をもって丘を築き，池を掘り，7年の歳月をかけてつくったと言われています。	（8　　　）は東京都にある水戸徳川家の屋敷内の日本庭園です。あの水戸黄門が完成させました。特別史跡にも指定されています。
❻覚えよう！	❼覚えよう！	❽覚えよう！	❾覚えよう！	❿チャレンジ✓ 14）行ったことがある景勝地はありますか？　また，行ってみたい景勝地はどこですか？
（9　　　）は東京都にある江戸時代に造成された庭園です。特別史跡にも指定されています。	（10　　　）は山梨県甲府市にある渓谷です。長い歳月をかけて削り取られた花崗岩の断崖や水の流れ，紅葉の名所など日本一の渓谷美と言われています。	（11　　　）は長野県の飛騨山脈南部にあります。標高約1,500mに広がる，幅約１kmの平坦な土地です。（12　　　）にも指定されています。	（13　　　）は静岡県と山梨県にまたがる標高3,776mの日本最高峰の山です。古来から信仰の対象とされ，世界文化遺産にも登録されています。	

ヒント 手越寺庭園／日本三景／十和田／奥入瀬渓流／富士山／上高地／世界遺産／小石川後楽園／六義園／旧浜離宮庭園／特別天然記念物／御岳昇仙峡／松島

美しい景観まるわかりワーク①

芸術上または観賞上価値が高い土地，「特別名勝」を調べてまとめよう

解答 A

❶覚えよう！

（1 **奥入瀬渓流**　）は青森県の十和田市にある14kmにわたる渓流です。（2 **十和田**）湖とともに特別名勝，天然記念物に指定されています。

❷覚えよう！

（3 **毛越寺庭園**　）は岩手県平泉町にある寺院の庭園です。平安時代につくられました。また，中尊寺金色堂とともに（4 **世界遺産**　）にも登録されています。

❸覚えよう！

（5 **松島**　）は宮城県の松島湾内外にある260余りの島々です。丘陵が沈み込んだところに海水が入り込みできた地形です。（6 **日本三景**）の一つです。

❹覚えよう！

（7 **六義園**　）は東京都にある徳川家に仕えた大名の庭園です。平坦な土地に土をもって丘を築き，池を掘り，7年の歳月をかけてつくったと言われています。

❺覚えよう！

（8 **小石川後楽園**　）は東京都にある水戸徳川家の屋敷内の日本庭園です。あの水戸黄門が完成させました。特別史跡にも指定されています。

❻覚えよう！

（9 **旧浜離宮庭園**　）は東京都にある江戸時代に造成された庭園です。特別史跡にも指定されています。

❼覚えよう！

（10 **御岳昇仙峡**　）は山梨県甲府市にある渓谷です。長い歳月をかけて削り取られた花崗岩の断崖や水の流れ，紅葉の名所など日本一の渓谷美と言われています。

❽覚えよう！

（11 **上高地**　）は長野県の飛騨山脈南部にあります。標高約1,500m に広がる，幅約1kmの平坦な土地です。（12 **特別天然記念物**　）にも指定されています。

❾覚えよう！

（13 **富士山**　）は静岡県と山梨県にまたがる標高3,776mの日本最高峰の山です。古来から信仰の対象とされ，世界文化遺産にも登録されています。

❿チャレンジ✓

14）行ったことがある景勝地はありますか？　また，行ってみたい景勝地はどこですか？

松島に家族で行ったことがあります。多くの観光客がいました。私は富士山に行ってみたいです。日本の一番高いところからの景色が見たいです。

知っ得！　富士山の山頂部分は実は私有地で「浅間神社」のものです。そのようなこともあり，静岡県でも山梨県でもないというのが現状です。

美しい景観まるわかりワーク②

芸術上または観賞上価値が高い土地，「特別名勝」を調べてまとめよう

名前

❶覚えよう！	❷覚えよう！	❸覚えよう！	❹覚えよう！	❺覚えよう！

（1　　　　）は富山県黒部市にある峡谷です。奥鐘山とならんで国の特別天然記念物にも指定されています。また日本三大渓谷，日本秘境百選にもあげられています。	（2　　　　）は石川県金沢市にある日本庭園です。江戸時代に加賀藩によってつくられました。（3　　　　）の一つです。	（4　　　　）は福井県福井市にある戦国時代の遺跡の一部です。16世紀につくられたものと言われています。特別史跡にも指定されています。	（5　　　　）は京都府宮津市の宮津湾と内海の阿蘇海を南北に隔てる全長3.6kmの砂州です。（6　　　　）の一つであり，日本の神話にも登場します。	（7　　　　）は京都府京都市にあるお寺の庭園です。室町時代を代表する庭園で石や砂で（8　　　　）の風景を表現しています。
❻覚えよう！	❼覚えよう！	❽覚えよう！	❾覚えよう！	❿チャレンジ✓
				15）行ったことがある景勝地はありますか？　また，行ってみたい景勝地はどこですか？
大徳寺方丈庭園は，（9　　　　）府京都市にあるお寺の庭園です。（10　　　　）の葬儀を秀吉が行ったお寺でもあります。一般には非公開となっています。	（11　　　　）は京都府京都市にあるお寺の庭園です。貼られた金箔から（12　　　　）とも呼ばれています。特別史跡，世界遺産にも登録されています。	（13　　　　）は京都府京都市のお寺の庭園です。白砂をしきつめた石庭が特徴的で，世界遺産にも登録されています。	慈照寺庭園は京都府京都市にあるお寺の庭園です。別名（14　　　　）とも呼ばれ，国の特別史跡，世界遺産に登録されています。	

ヒント　鹿苑寺庭園／天橋立／日本三大名園／兼六園／黒部峡谷／日本三景／山水／龍安寺方丈庭園／織田信長／京都／金閣／銀閣／一乗谷朝倉氏庭園／大仙院書院庭園

4年社会科ワークNo.34（美しい景観②）

美しい景観まるわかりワーク②

芸術上または観賞上価値が高い土地，「特別名勝」を調べてまとめよう

解答A

❶覚えよう！	❷覚えよう！	❸覚えよう！	❹覚えよう！	❺覚えよう！
（1 **黒部峡谷**　）は富山県黒部市にある峡谷です。奥鐘山とならんで国の特別天然記念物にも指定されています。また日本三大渓谷，日本秘境百選にもあげられています。	（2 **兼六園**　）は石川県金沢市にある日本庭園です。江戸時代に加賀藩によってつくられました。（3 **日本三大名園**　）の一つです。	（4 **一乗谷朝倉氏庭園**　）は福井県福井市にある戦国時代の遺跡の一部です。16世紀につくられたものと言われています。特別史跡にも指定されています。	（5 **天橋立**　）は京都府宮津市の宮津湾と内海の阿蘇海を南北に隔てる全長3.6kmの砂州です。（6 **日本三景**　）の一つであり，日本の神話にも登場します。	（7 **大仙院書院庭園**　）は京都府京都市にあるお寺の庭園です。室町時代を代表する庭園で石や砂で（8 **山水**　）の風景を表現しています。
❻覚えよう！	❼覚えよう！	❽覚えよう！	❾覚えよう！	❿チャレンジ✓
大徳寺方丈庭園は，（9 **京都**）府京都市にあるお寺の庭園です。（10 **織田信長**　）の葬儀を秀吉が行ったお寺でもあります。一般には非公開となっています。	（11 **鹿苑寺庭園**　）は京都府京都市にあるお寺の庭園です。貼られた金箔から（12 **金閣**　）とも呼ばれています。特別史跡，世界遺産にも登録されています。	（13 **龍安寺方丈庭園**　）は京都府京都市のお寺の庭園です。白砂をしきつめた石庭が特徴的で，世界遺産にも登録されています。	慈照寺庭園は京都府京都市にあるお寺の庭園です。別名（14 **銀閣**　）とも呼ばれ，国の特別史跡，世界遺産に登録されています。	15）行ったことがある景勝地はありますか？　また，行ってみたい景勝地はどこですか？ **金閣には家族で行ったことがあります。本当にぴかぴかで驚きました。** **天橋立に行ってみたいです。実際に歩いてみたいです。**

知っ得！ 水を用いず，石の組み合わせや地形の高低などによって山水を表現した庭園を枯山水（かれさんすい）と呼びます。日本独特の様式です。

4年社会科ワークNo.35（美しい景観③）

美しい景観まるわかりワーク③

芸術上または観賞上価値が高い土地，「特別名勝」を調べてまとめよう

名前

❶覚えよう！	❷覚えよう！	❸覚えよう！	❹覚えよう！	❺覚えよう！
（1　　　　　　　　）は京都府京都市にあるお寺の庭園にある日本最古の（2　　　）の滝です。平安時代末期につくられたと言われています。	（3　　　　　　　）は京都府京都市にあるお寺の庭園です。平安時代につくられました。（4　　　　　　　）にも登録されています。	（5　　　　　　　　）は京都府京都市にあるお城の庭園です。池には3つの島が浮いています。（4 ）にも登録されています。	（6　　　　　　　）は京都府京都市にあるお寺の庭園です。鶴亀の庭と呼ばれ（7　　　　　）時代につくられました。	（8　　　　　　　　）は京都府京都市にあるお寺の庭園です。安土桃山時代につくられました。（4 ）にも登録されています。
❻覚えよう！	❼覚えよう！	❽覚えよう！	❾覚えよう！	❿チャレンジ✓ 17）行ったことがある景勝地はありますか？　また，行ってみたい景勝地はどこですか？
（9　　　　　　　）は京都府京都市にあるお寺の庭園です。120種類の（10　　　　）におおわれているのが特徴です。（4 ）にも登録されています。	（11　　　　　　　　）は京都府京都市にあるお寺の庭園です。（12　　　　　　）が設計を行った庭園です。国の特別史跡，（4 ）にも登録されています。	（13　　　　　　　　）は京都府木津川市のお寺の庭園です。平安時代の代表的な庭園で，庭園に建つ三重塔は（14　　　　　）にも指定されています。	（15　　　　　　）は奈良県奈良市にある平城京の跡地から発見された（16　　　　）時代の庭園跡です。特別史跡にも指定されています。	

ヒント　苔／西芳寺庭園／人工／豊臣秀吉／国宝／平城京左京三条二坊宮跡庭園／二条城二之丸庭園／江戸／天龍寺庭園／本願寺大書院庭園／世界遺産／浄瑠璃寺庭園／醍醐寺三宝院庭園／金地院庭園／法金剛院青女滝／奈良

4年社会科ワークNo.35（美しい景観③）

美しい景観まるわかりワーク③

芸術上または観賞上価値が高い土地，「特別名勝」を調べてまとめよう

解答 A

❶覚えよう！	❷覚えよう！	❸覚えよう！	❹覚えよう！	❺覚えよう！
（1 **法金剛院青女滝**　）は京都府京都市にあるお寺の庭園にある日本最古の（2 **人工**　）の滝です。平安時代末期につくられたと言われています。	（3 **天龍寺庭園**　）は京都府京都市にあるお寺の庭園です。平安時代につくられました。（4 **世界遺産**　）にも登録されています。	（5 **二条城二之丸庭園**　）は京都府京都市にあるお城の庭園です。池には3つの島が浮いています。（4 ）にも登録されています。	（6 **金地院庭園**　）は京都府京都市にあるお寺の庭園です。鶴亀の庭と呼ばれ（7 **江戸**　）時代につくられました。	（8 **本願寺大書院庭園**　）は京都府京都市にあるお寺の庭園です。安土桃山時代につくられました。（4 ）にも登録されています。
❻覚えよう！	❼覚えよう！	❽覚えよう！	❾覚えよう！	❿チャレンジ✓ 17）行ったことがある景勝地はありますか？　また，行ってみたい景勝地はどこですか？
（9 **西芳寺庭園**　）は京都府京都市にあるお寺の庭園です。120種類の（10 **苔**　）におおわれているのが特徴です。（4 ）にも登録されています。	（11 **醍醐寺三宝院庭園**　）は京都府京都市にあるお寺の庭園です。（12 **豊臣秀吉**　）が設計を行った庭園です。国の特別史跡，（4 ）にも登録されています。	（13 **浄瑠璃寺庭園**　）は京都府木津川市のお寺の庭園です。平安時代の代表的な庭園で，庭園に建つ三重塔は（14 **国宝**　）にも指定されています。	（15 **平城京左京三条二坊宮跡庭園**　）は奈良県奈良市にある平城京の跡地から発見された（16 **奈良**　）時代の庭園跡です。特別史跡にも指定されています。	**二条城の庭園には行ったことがあります。すごくきれいな庭園でした。西芳寺の苔の庭園を実際に見てみたいです。**

知っ得！ 京都には多くの寺社がありますが，世界遺産には，「古都京都の文化財」として17箇所の寺社と城かくで構成・登録されています。

美しい景観まるわかりワーク④

芸術上または観賞上価値が高い土地，「特別名勝」を調べてまとめよう

名前

❶覚えよう！	❷覚えよう！	❸覚えよう！	❹覚えよう！	❺覚えよう！
（1　　　　）は奈良県奈良市にある平城京の跡地から発見された庭園の遺構です。日本庭園の（2　　　　）として価値が高いです。	（3　　　　）は和歌山県と奈良県と（4　　　　）県の境界にある渓谷です。高さ50mにおよぶ断崖が1km以上続きます。天然記念物にも指定されています。	（5　　　　）は岡山県岡山市にある日本庭園です。江戸時代につくられました。日本（6　　　　）の一つです。	（7　　　　）は広島県安芸太田町にある長さ約16kmの渓谷です。その途中にある「三段滝」が有名です。	（8　　　　）は広島県廿日市市宮島町にある島です。厳島神社の（9　　　　）が海上に浮かびます。日本三景の一つで世界遺産，特別史跡に指定されています。
❻覚えよう！	❼覚えよう！	❽覚えよう！	❾覚えよう！	❿チャレンジ✓ 17）行ったことがある景勝地はありますか？　また，行ってみたい景勝地はどこですか？
（10　　　　）は香川県高松市にある日本庭園です。江戸時代につくられた大名庭園です。	（11　　　　）は佐賀県唐津市に広がる松原です。幅約500m，長さ約4.5kmの弧状に約100万本のクロマツの林が続いています。江戸時代に防風林，防砂林としてつくられました。	（12　　　　）は長崎県の島原半島にそびえる（13　　　　）です。昭和9年には国内初の（14　　　　）公園に指定され，昭和27年に特別名勝となりました。	（15　　　　）は沖縄県那覇市にある琉球庭園です。1799年の琉球王国のころのもので，（16　　　　）と琉球が融合した様式が特徴です。	

ヒント　三段峡／瀞八丁／後楽園／虹の松原／識名園／栗林公園／雲仙岳／厳島／国立／平城宮東院庭園／中国／原形／火山／三大名園／大鳥居／三重

芸術上または観賞上価値が高い土地，「特別名勝」を調べてまとめよう

解答A

❶覚えよう！

（1 **平城宮東院庭園**　）は奈良県奈良市にある平城京の跡地から発見された庭園の遺構です。日本庭園の（2 **原形**　）として価値が高いです。

❷覚えよう！

（3 **瀞八丁**　）は和歌山県と奈良県と（4 **三重**　）県の境界にある渓谷です。高さ50mにおよぶ断崖が1km以上続きます。天然記念物にも指定されています。

❸覚えよう！

（5 **後楽園**　）は岡山県岡山市にある日本庭園です。江戸時代につくられました。日本（6 **三大名園**　）の一つです。

❹覚えよう！

（7 **三段峡**　）は広島県安芸太田町にある長さ約16kmの渓谷です。その途中にある「三段滝」が有名です。

❺覚えよう！

（8 **厳島**　）は広島県廿日市市宮島町にある島です。厳島神社の（9 **大鳥居**　）が海上に浮かびます。日本三景の一つで世界遺産，特別史跡に指定されています。

❻覚えよう！

（10 **栗林公園**　）は香川県高松市にある日本庭園です。江戸時代につくられた大名庭園です。

❼覚えよう！

（11 **虹の松原**　）は佐賀県唐津市に広がる松原です。幅約500m，長さ約4.5kmの弧状に約100万本のクロマツの林が続いています。江戸時代に防風林，防砂林としてつくられました。

❽覚えよう！

（12 **雲仙岳**　）は長崎県の島原半島にそびえる（13 **火山**）です。昭和9年には国内初の（14 **国立**　）公園に指定され，昭和27年に特別名勝となりました。

❾覚えよう！

（15 **識名園**　）は沖縄県那覇市にある琉球庭園です。1799年の琉球王国のころのもので，（16 **中国**　）と琉球が融合した様式が特徴です。

❿チャレンジ✓

17）行ったことがある景勝地はありますか？　また，行ってみたい景勝地はどこですか？

広島の厳島神社に行ったことがあります。満潮のときだったので干潮のときにも行ってみたいです。

知っ得！　潮の満ち引きは月と太陽の引力の作用で，海面の水位が周期的に高くなったり低くなったりします。満潮と干潮は1日2回ずつ起こり，満潮から次の満潮までは平均約12時間25分です。

4年社会科ワークNo.37（古いものを守る①）

古いものまるわかりワーク①

わたしたちの国の中で歴史上価値が高いもの「特別史跡」を調べてまとめよう

名前

❶覚えよう！	❷覚えよう！	❸覚えよう！	❹覚えよう！	❺覚えよう！
（1　　　　　）は北海道函館市にある（2　　　）形の堀で囲まれたお城の跡地です。外国から北海道を守るためにつくられました。	（3　　　　　）は青森県青森市にある今から5,000年ほど前に住んでいた人たちの遺跡です。当時の人々が使っていた道具や（4　　　）がたくさん見つかっています。	（5　　　　　）は岩手県平泉町にあるお寺です。今から1,000年前の時代の様子がわかるものがたくさん見つかっています。当時のまちがとても（6　　　　）いたことがわかります。	（7　　　　　）は岩手県平泉町にある中尊寺を真似てつくられたお寺の跡地です。中尊寺といっしょに（8　　　　）にも登録されています。	（9　　　　　）は岩手県平泉町にある（10　　　）です。町を守るためにつくられたと言われています。
❻覚えよう！	❼覚えよう！	❽覚えよう！	❾覚えよう！	❿チャレンジ✓
（11　　　　　）は宮城県多賀城市にある今から1,000年以上前にあった国のお役所の跡地です。	（12　　　　　）は秋田県鹿角市にある今から4,000年前のストーン（13　　　）です。当時のお墓やお祭りの場と言われています。	（14　　　　　）は茨城県水戸市にある江戸時代の武士の（15　　　　）です。震災で被害を受けましたが復元されました。	（16　　　　　）は茨城県石岡市にあったお寺の跡です。1,200年以上前に全国に建てられたお寺の一つです。	17）行ったことがある史跡はありますか？　また，行ってみたい史跡はどこですか？

ヒント　大湯環状列石／中尊寺／サークル／星／無量光院跡／五稜郭／栄えて／世界遺産／常陸国分寺跡／三内丸山遺跡／多賀城跡／旧弘道館／学校／毛越寺鎮守社跡／建物／神社

古いものまるわかりワーク①

わたしたちの国の中で歴史上価値が高いもの「特別史跡」を調べてまとめよう

解答A

❶覚えよう！

（1 五稜郭　）は北海道函館市にある（2 星　）形の堀で囲まれたお城の跡地です。外国から北海道を守るためにつくられました。

❷覚えよう！

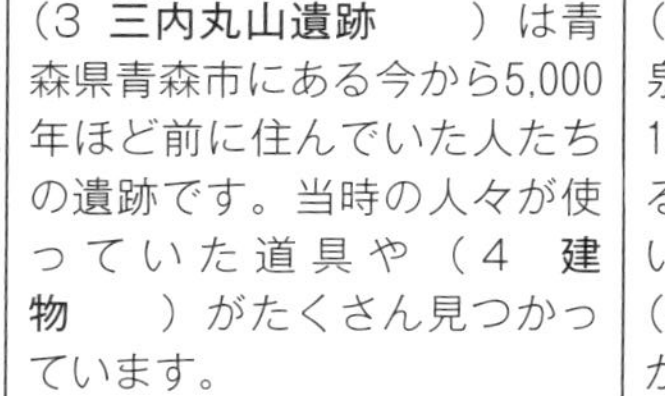

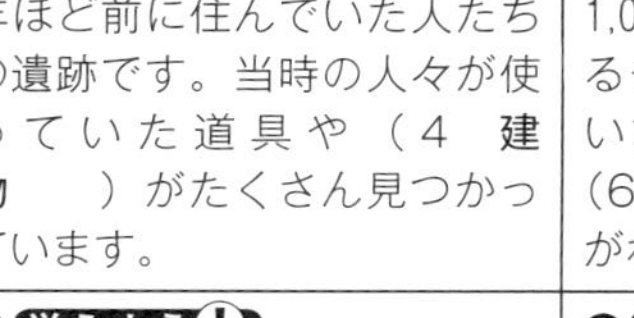

（3 三内丸山遺跡　）は青森県青森市にある今から5,000年ほど前に住んでいた人たちの遺跡です。当時の人々が使っていた道具や（4 建物　）がたくさん見つかっています。

❸覚えよう！

（5 中尊寺　）は岩手県平泉町にあるお寺です。今から1,000年前の時代の様子がわかるものがたくさん見つかっています。当時のまちがとても（6 栄えて　）いたことがわかります。

❹覚えよう！

（7 無量光院跡　）は岩手県平泉町にある中尊寺を真似てつくられたお寺の跡地です。中尊寺といっしょに（8 世界遺産　）にも登録されています。

❺覚えよう！

（9 毛越寺鎮守社跡　）は岩手県平泉町にある（10 神社　）です。町を守るためにつくられたと言われています。

❻覚えよう！

（11 多賀城跡　）は宮城県多賀城市にある今から1,000年以上前にあった国のお役所の跡地です。

❼覚えよう！

（12 大湯環状列石　）は秋田県鹿角市にある今から4,000年前のストーン（13 サークル　）です。当時のお墓やお祭りの場と言われています。

❽覚えよう！

（14 旧弘道館　）は茨城県水戸市にある江戸時代の武士の（15 学校　）です。震災で被害を受けましたが復元されました。

❾覚えよう！

（16 常陸国分寺跡　）は茨城県石岡市にあったお寺の跡です。1,200年以上前に全国に建てられたお寺の一つです。

❿チャレンジ✓

17）行ったことがある史跡はありますか？　また，行ってみたい史跡はどこですか？

五稜郭は北海道に旅行に行ったときに見ました。上から見ると本当に五角形でした。
中尊寺に行ってみたいです。当時の都の様子がわかるものがたくさんあるからです。

知っ得！　平泉は100年近く東北で発展した奥州藤原氏のつくった都です。源義経を保護したことでも有名です。

古いものまるわかりワーク②

わたしたちの国の中で歴史上価値が高いもの「特別史跡」を調べてまとめよう

名前

❶覚えよう！	❷覚えよう！	❸覚えよう！	❹覚えよう！	❺覚えよう！
（1　　　　　）は茨城県県石岡市にあったお寺の跡です。1,200年以上前に全国に建てられたお寺の一つです。尼寺とは女性の僧侶によるお寺を言います。	（2　　　　　）は栃木県宇都宮市にある洞窟の壁につくられた仏像です。平安から（3　　　　）時代につくられたものです。	（4　　　　　）は栃木県日光市にある，（5　　　　）一の並木通りです。（6　　　　）時代に杉が植えられました。	（7　　　　　）は群馬県高崎市にある石碑です。（8　　　　）時代の豪族が先祖供養のために刻んだ文字が残っています。	（9　　　　　）は群馬県高崎市にある石碑です。飛鳥時代のお坊さんが母のお墓に刻んだ文字と言われています。
❻覚えよう！	❼覚えよう！	❽覚えよう！	❾覚えよう！	❿チャレンジ✓ 17）行ったことがある史跡はありますか？　また，行ってみたい史跡はどこですか？
（10　　　　　）は群馬県高崎市にある石碑です。奈良時代のお役人の命令が刻まれていると言われます。	（11　　　　　）は埼玉県行田市にある9つある大きな古墳群で，当時の偉い人の（12　　　　）です。	（13　　　　　）は千葉県千葉市にある（14　　　　）時代の貝塚（ごみすてば）の遺跡です。貝殻や骨などが発見されます。	（15　　　　　）は東京都にある（6 ）時代に造成された庭園です。（16　　　　）にも指定されています。	

ヒント　山ノ上碑／埼玉古墳群／世界／江戸／日光杉並木街道並木寄進碑／特別名勝／縄文／鎌倉／多胡碑／金井沢碑／お墓／加曽利貝塚／常陸国分尼寺跡／大谷磨崖仏／奈良／旧浜離宮庭園

わたしたちの国の中で歴史上価値が高いもの「特別史跡」を調べてまとめよう

解答 A

❶ 覚えよう！

（1 **常陸国分尼寺跡**　）は茨城県県石岡市にあったお寺の跡です。1,200年以上前に全国に建てられたお寺の一つです。尼寺とは女性の僧侶によるお寺を言います。

❷ 覚えよう！

（2 **大谷磨崖仏**　）は栃木県宇都宮市にある洞窟の壁につくられた仏像です。平安から（3 **鎌倉**　）時代につくられたものです。

❸ 覚えよう！

（4 **日光杉並木街道並木寄進碑**　）は栃木県日光市にある，（5 **世界**　）一の並木通りです。（6 **江戸**　）時代に杉が植えられました。

❹ 覚えよう！

（7 **金井沢碑**　）は群馬県高崎市にある石碑です。（8 **奈良**　）時代の豪族が先祖供養のために刻んだ文字が残っています。

❺ 覚えよう！

（9 **山ノ上碑**　）は群馬県高崎市にある石碑です。飛鳥時代のお坊さんが母のお墓に刻んだ文字と言われています。

❻ 覚えよう！

（10 **多胡碑**　）は群馬県高崎市にある石碑です。奈良時代のお役人の命令が刻まれていると言われます。

❼ 覚えよう！

（11 **埼玉古墳群**　）は埼玉県行田市にある9つある大きな古墳群で，当時の偉い人の（12 **お墓**　）です。

❽ 覚えよう！

（13 **加曽利貝塚**　）は千葉県千葉市にある（14 **縄文**　）時代の貝塚（ごみすてば）の遺跡です。貝殻や骨などが発見されます。

❾ 覚えよう！

（15 **旧浜離宮庭園**　）は東京都にある（6 ）時代に造成された庭園です。（16 **特別名勝**　）にも指定されています。

❿ チャレンジ✓

17）行ったことがある史跡はありますか？　また，行ってみたい史跡はどこですか？

埼玉古墳に行きました。大きな古墳がたくさん集まっていて驚きました。
日光の杉並木街道を通ってみたいです。当時の人たちの気持ちを感じられると思います。

知っ得！　金井沢碑が発見されたのは江戸時代でした。その後石碑は農家の庭先で洗濯石として使われていたそうです。

4年社会科ワークNo.39（古いものを守る③）

古いものまるわかりワーク③

わたしたちの国の中で歴史上価値が高いもの「特別史跡」を調べてまとめよう

名前

❶覚えよう！

（1　　　　　　　）は東京都千代田区にある徳川家のお城の跡地です。現在は天皇が住む（2　　　　）となっています。

❷覚えよう！

（3　　　　　　　）は茨城県にある水戸徳川家の屋敷内の日本庭園です。時代劇に登場する（4　　　　　）が完成させました。特別名勝にも指定されています。

❸覚えよう！

（5　　　　　　　）は福井県福井市にある（6　　　　）時代の遺跡の一部です。16世紀につくられたものと言われています。特別名勝にも指定されています。

❹覚えよう！

（7　　　　　　　）は長野県茅野市にある（8　　　　）時代の遺跡です。先端が尖った大きな石が見つかっていることからこの名前がつきました。

❺覚えよう！

（9　　　　　　　）は福岡県磐田市にある（10　　　　）時代のお寺の跡です。当時は七重塔が立っていたと言われます。

❻覚えよう！

（11　　　　　　　）は静岡県湖西市にある関所跡です。江戸時代に建てられたもので唯一建物が残っている貴重な史跡です。

❼覚えよう！

（12　　　　　　　）は静岡県静岡市にある弥生時代の遺跡です。当時の人々が（13　　　　）づくりを行っていたことがわかった貴重な遺跡です。

❽覚えよう！

（14　　　　　　　）は愛知県名古屋市にあるお城です。徳川家康が建てたお城で屋根の上にある金の（15　　　　）が有名です。

❾覚えよう！

（16　　　　　　　）は三重県松阪市にある江戸時代の史跡です。本居宣長は日本の歴史を研究した人物です。

❿チャレンジ✓

17）行ったことがある史跡はありますか？　また，行ってみたい史跡はどこですか？

ヒント　江戸城跡／名古屋城跡／尖石石器時代遺跡／しゃちほこ／縄文／皇居／遠江国分寺跡／水田／新居関所／登呂遺跡／小石川後楽園／本居宣長旧宅／一乗谷朝倉氏庭園／戦国／水戸黄門／※写真⑦：静岡市立登呂博物館　奈良

古いものまるわかりワーク③

わたしたちの国の中で歴史上価値が高いもの「特別史跡」を調べてまとめよう

解答 A

❶ 覚えよう！

（1 **江戸城跡**　）は東京都千代田区にある徳川家のお城の跡地です。現在は天皇が住む（2 **皇居**　）となっています。

❷ 覚えよう！

（3 **小石川後楽園**　）は茨城県にある水戸徳川家の屋敷内の日本庭園です。時代劇に登場する（4 **水戸黄門**　）が完成させました。特別名勝にも指定されています。

❸ 覚えよう！

（5 **一乗谷朝倉氏庭園**　）は福井県福井市にある（6 **戦国**　）時代の遺跡の一部です。16世紀につくられたものと言われています。特別名勝にも指定されています。

❹ 覚えよう！

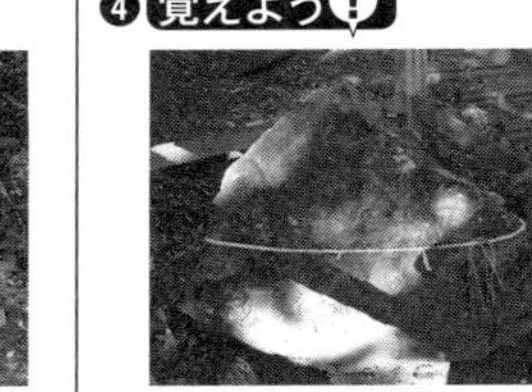

（7 **尖石石器時代遺跡**　）は長野県茅野市にある（8 **縄文**　）時代の遺跡です。先端が尖った大きな石が見つかっていることからこの名前がつきました。

❺ 覚えよう！

（9 **遠江国分寺跡**　）は福岡県磐田市にある（10 **奈良**　）時代のお寺の跡です。当時は七重塔が立っていたと言われます。

❻ 覚えよう！

（11 **新居関所**　）は静岡県湖西市にある関所跡です。江戸時代に建てられたもので唯一建物が残っている貴重な史跡です。

❼ 覚えよう！

（12 **登呂遺跡**　）は静岡県静岡市にある弥生時代の遺跡です。当時の人々が（13 **水田**　）づくりを行っていたことがわかった貴重な遺跡です。

❽ 覚えよう！

（14 **名古屋城跡**　）は愛知県名古屋市にあるお城です。徳川家康が建てたお城で屋根の上にある金の（15 **しゃちほこ**　）が有名です。

❾ 覚えよう！

（16 **本居宣長旧宅**　）は三重県松阪市にある江戸時代の史跡です。本居宣長は日本の歴史を研究した人物です。

❿ チャレンジ✓

17）行ったことがある史跡はありますか？　また，行ってみたい史跡はどこですか？

名古屋城に行きました。すごく大きなお城で驚きました。登呂遺跡に行ってみたいです。当時の人たちがどのように稲作を行っていたのか知りたいです。

知っ得！　江戸城天守は1657年に大火によって消失しましたが当時は高さ44.8mで史上最大の大きさでした。その後は天守の必要性はなく再建されませんでした。

※写真⑦：静岡市立登呂博物館

4年社会科ワークNo.40（古いものを守る④）

古いものまるわかりワーク④

わたしたちの国の中で歴史上価値が高いもの「特別史跡」を調べてまとめよう

名前

❶覚えよう！	❷覚えよう！	❸覚えよう！	❹覚えよう！	❺覚えよう！
（1　　　　）は滋賀県近江八幡市にあるお城の跡地です。（2　　　　）が安土・桃山時代につくったもので，天守があるはじめてのお城でした。	（3　　　　）は滋賀県彦根市にある江戸時代に建てられたお城です。現存12天守，（4　　　　）5城の一つで有名です。	（5　　　　）は京都府京都市にあるお寺の庭園です。別名銀閣とも呼ばれ，国の特別名勝，（6　　　　）に登録，お寺は（4　）に指定されています。	（7　　　　）は京都府京都市にあるお寺の庭園です。貼られた（8　　　　）から金閣とも呼ばれています。特別名勝，（6　）にも登録されています。	（9　　　　）は京都府京都市にあるお寺の庭園です。豊臣秀吉が（10　　　　）を行った庭園です。国の特別名勝，世界遺産にも登録されています。
❻覚えよう！	❼覚えよう！	❽覚えよう！	❾覚えよう！	❿チャレンジ✓ 19）行ったことがある史跡はありますか？　また，行ってみたい史跡はどこですか？
（11　　　　）は大阪府大阪市にあるお城の跡です。現在あるお城は復元されたものですが，やぐらや門などは（12　　　　）時代のものがそのまま残っています。	（13　　　　）は大阪府枚方市にかつてあったお寺の跡地です。奈良時代に建てられたもので，（14　　　　）半島との交流がわかる貴重な遺跡です。	（15　　　　）は兵庫県姫路市にあるお城です。現存12天守，（4　），世界遺産にも登録されています。 白い漆喰が塗られていることで（16　　　　）城とも呼ばれています。	（17　　　　）は奈良県明日香村にある位の高い人のお墓(はか)です。お墓の中の壁に色のついた（18　　　　）が描(か)かれていることが発見されました。	

ヒント　大阪城跡／百済寺跡／彦根城／国宝／慈照寺庭園／キトラ古墳／鹿苑寺庭園／朝鮮／金箔／織田信長／壁画／安土城跡／世界遺産／しらさぎ／姫路城跡／設計／醍醐寺三宝院庭園／江戸

わたしたちの国の中で歴史上価値が高いもの「特別史跡」を調べてまとめよう

解答A

❶覚えよう！

（1 安土城跡　　）は滋賀県近江八幡市にあるお城の跡地です。（2 織田信長　　）が安土・桃山時代につくったもので，天守があるはじめてのお城でした。

❷覚えよう！

（3 彦根城　　）は滋賀県彦根市にある江戸時代に建てられたお城です。現存12天守，（4 国宝　　）5城の一つで有名です。

❸覚えよう！

（5 慈照寺庭園　　）は京都府京都市にあるお寺の庭園です。別名銀閣とも呼ばれ，国の特別名勝，（6 世界遺産　　）に登録，お寺は（4 ）に指定されています。

❹覚えよう！

（7 鹿苑寺庭園　　）は京都府京都市にあるお寺の庭園です。貼られた（8 金箔　　）から金閣とも呼ばれています。特別名勝，（6 ）にも登録されています。

❺覚えよう！

（9 醍醐寺三宝院庭園　　）は京都府京都市にあるお寺の庭園です。豊臣秀吉が（10 設計　　）を行った庭園です。国の特別名勝，世界遺産にも登録されています。

❻覚えよう！

（11 大阪城跡　　）は大阪府大阪市にあるお城の跡です。現在あるお城は復元されたものですが，やぐらや門などは（12 江戸　　）時代のものがそのまま残っています。

❼覚えよう！

（13 百済寺跡　　）は大阪府枚方市にかつてあったお寺の跡地です。奈良時代に建てられたもので，（14 朝鮮　　）半島との交流がわかる貴重な遺跡です。

❽覚えよう！

（15 姫路城跡　　）は兵庫県姫路市にあるお城です。現存12天守，（4 ），世界遺産にも登録されています。
白い漆喰が塗られていることで（16 しらさぎ　）城とも呼ばれています。

❾覚えよう！

（17 キトラ古墳　　）は奈良県明日香村にある位の高い人のお墓です。お墓の中の壁に色のついた（18 壁画　　）が描かれていることが発見されました。

❿チャレンジ✓

19）行ったことがある史跡はありますか？　また，行ってみたい史跡はどこですか？

姫路城に行きました。真っ白なお城でとても美しかったです。
安土城跡に行ってみたいです。たくさんの石が山に積まれているというので実際に見てみたいです。

知っ得！　キトラ古墳の石室の壁の天井には天文図，四方の壁にはそれぞれ玄武（北），朱雀（南），青龍（東），白虎（西）が描かれています。

4年社会科ワークNo.41（古いものを守る⑤）

古いものまるわかりワーク⑤

わたしたちの国の中で歴史上価値が高いもの「特別史跡」を調べてまとめよう

名前

❶覚えよう！	❷覚えよう！	❸覚えよう！	❹覚えよう！	❺覚えよう！
（1　　　　　）は奈良県明日香村にあるお墓です。石室の中に色彩豊かな（2　　　　　）が発見されたことで有名です。（2　）は国宝に指定されています。	（3　　　　　）は奈良県桜井市にあった古代寺院の跡地です。649年に建てられたと言われる貴重な跡地です。仏像の頭など貴重なものが発掘されています。	（4　　　　　）は奈良県明日香村にあるお墓です。おおっていた（5　　　　）がなくなり，中の石室だけが見えているのが特徴です。	（6　　　　　）は奈良県広陵町にあるお墓です。全長が220m 高さが19m の大きなお墓です。	（7　　　　　）は奈良県橿原市（かしはらし）にある宮殿です。現在は（8　　　　）の跡に復元模型を設置しています。
❻覚えよう！	❼覚えよう！	❽覚えよう！	❾覚えよう！	❿チャレンジ
（9　　　　　）は奈良県桜井市にあるお墓です。きれいに切られた（10　　　　）でつくられた内部が美しいことで有名です。	（11　　　　　）は奈良県奈良市にかつてあった都の宮殿です。宮殿（きゅうでん）には（12　　　　）が住んでいました。710年に完成した平城京は10万人が住んでいたと言われています。	（13　　　　　）は奈良県奈良市にある平城京の跡地から発見された（14　　　　）時代の庭園跡です。	（15　　　　　）は奈良県橿原市にあったお寺の跡地です。当時のお寺の基礎（きそ）の部分となる（16　　　　）が残っているのが特徴です。	17）行ったことがある史跡はありますか？　また，行ってみたい史跡はどこですか？

ヒント　本薬師寺跡／藤原宮跡／壁画／石／奈良／土／柱／石／平城宮跡／天皇／平城京左京三条二坊宮跡庭園／高松塚古墳／山田寺跡／巣山古墳／文殊院西古墳／石舞台古墳

4年社会科ワークNo.41（古いものを守る⑤）

古いものまるわかりワーク⑤

わたしたちの国の中で歴史上価値が高いもの「特別史跡」を調べてまとめよう

解答A

❶覚えよう！	❷覚えよう！	❸覚えよう！	❹覚えよう！	❺覚えよう！
（1 **高松塚古墳**　）は奈良県明日香村にあるお墓です。石室の中に色彩豊かな（2 **壁画**　）が発見されたことで有名です。（2 ）は国宝に指定されています。	（3 **山田寺跡**　）は奈良県桜井市にあった古代寺院の跡地です。649年に建てられたと言われる貴重な跡地です。仏像の頭など貴重なものが発掘されています。	（4 **石舞台古墳**　）は奈良県明日香村にあるお墓です。おおっていた（5 **土**　）がなくなり，中の石室だけが見えているのが特徴です。	（6 **巣山古墳**　）は奈良県広陵町にあるお墓です。全長が220m 高さが19m の大きなお墓です。	（7 **藤原宮跡**　）は奈良県橿原市にある宮殿です。現在は（8 **柱**　）の跡に復元模型を設置しています。
❻覚えよう！	❼覚えよう！	❽覚えよう！	❾覚えよう！	❿チャレンジ✓ 17）行ったことがある史跡はありますか？　また，行ってみたい史跡はどこですか？
（9 **文殊院西古墳**　）は奈良県桜井市にあるお墓です。きれいに切られた（10 **石**　）でつくられた内部が美しいことで有名です。	（11 **平城宮跡**　）は奈良県奈良市にかつてあった都の宮殿です。宮殿には（12 **天皇**　）が住んでいました。710年に完成した平城京は10万人が住んでいたと言われています。	（13 **平城京左京三条二坊宮跡庭園**　）は奈良県奈良市にある平城京の跡地から発見された（14 **奈良**　）時代の庭園跡です。	（15 **本薬師寺跡**　）は奈良県橿原市にあったお寺の跡地です。当時のお寺の基礎の部分となる（16 **石**　）が残っているのが特徴です。	**平城宮跡に行きました。とても広いところで驚きました。当時の都の様子を想像できました。次は藤原宮跡にも行ってみたいです。**

知っ得！　1972年に発見された高松塚古墳の壁画は，その後カビの繁殖で劣化が進み2007年から修復作業に入りました。12年，27億円かけて修復が行われました。

4年社会科ワークNo.42（古いものを守る⑥）

古いものまるわかりワーク⑥

わたしたちの国の中で歴史上価値が高いもの「特別史跡」を調べてまとめよう

名前

❶覚えよう！	❷覚えよう！	❸覚えよう！	❹覚えよう！	❺覚えよう！
（1　　　　　　）は和歌山県和歌山市にあるお墓が集まった場所です。約（2　　　　）のお墓（古墳）があります。	（3　　　　　）は鳥取県琴浦町にあるお寺の跡です。（4　　　　）時代からあったと言われています。山陰地方で唯一の特別史跡です。	（5　　　　　）は岡山県備前市にある（6　　　）時代にできた庶民のために開かれた（7　　　　）です。講堂は（8　　　　）に指定されています。	（9　　　　）は広島県廿日市市宮島町にある島です。厳島神社の大鳥居が（10　　）にそびえたちます。日本三景の一つで世界遺産，特別名勝に指定されています。	（11　　　　）は広島県福山市に開かれていた江戸時代の（12　　　）です。常に10～30名ほどが在籍していたそうです。
❻覚えよう！	❼覚えよう！	❽覚えよう！	❾覚えよう！	❿チャレンジ✓
（13　　　　　）は香川県高松市にあるお寺の跡です。聖武天皇が全国につくらせた68箇所のお寺の一つです。	（14　　　　　）は福岡県桂川町にあるお墓です。（15　　　　）の中の壁全面に色鮮やかな絵や模様が描かれています。現在は完全に密封されており春と秋に公開されます。	（16　　　　）は福岡県太宰府市・大野城市・春日市にまたがってつくられたお城の跡です。664年に（17　　　）の国からの侵略を防ぐためにつくられました。	（18　　　　　）は福岡県太宰府市にあったお役所の跡地です。（19　　　　）や朝鮮の国からの人々を迎える日本の玄関の役割がありました。	20）行ったことがある史跡はありますか？　また，行ってみたい史跡はどこですか？

ヒント　岩橋千塚古墳群／斎尾廃寺跡／石室／朝鮮半島／太宰府跡／学校／国宝／800／海上／塾／王塚古墳／江戸／中国／飛鳥／水城跡／旧閑谷学校／廉塾／厳島／讃岐国分寺跡

4年社会科ワークNo.42（古いものを守る⑥）

古いものまるわかりワーク⑥

わたしたちの国の中で歴史上価値が高いもの「特別史跡」を調べてまとめよう

解答A

❶覚えよう！	❷覚えよう！	❸覚えよう！	❹覚えよう！	❺覚えよう！
（1 **岩橋千塚古墳群**　）は和歌山県和歌山市にあるお墓が集まった場所です。 約（2 **800**　）のお墓（古墳）があります。	（3 **斎尾廃寺跡**　）は鳥取県琴浦町にあるお寺の跡です。（4 **飛鳥**　）時代からあったと言われています。山陰地方で唯一の特別史跡です。	（5 **旧閑谷学校**　）は岡山県備前市にある（6 **江戸**　）時代にできた庶民のために開かれた（7 **学校**　）です。 講堂は（8 **国宝**　）に指定されています。	（9 **厳島**　）は広島県廿日市市宮島町にある島です。厳島神社の大鳥居が（10 **海上**　）にそびえたちます。日本三景の一つで世界遺産，特別名勝に指定されています。	（11 **廉塾**　）は広島県福山市に開かれていた江戸時代の（12 **塾**　）です。常に10～30名ほどが在籍していたそうです。

❻覚えよう！	❼覚えよう！	❽覚えよう！	❾覚えよう！	❿チャレンジ✓
				20）行ったことがある史跡にありますか？　また，行ってみたい史跡はどこですか？
（13 **讃岐国分寺跡**　）は香川県高松市にあるお寺の跡です。聖武天皇が全国につくらせた68箇所のお寺の一つです。	（14 **王塚古墳**　）は福岡県桂川町にあるお墓です。 （15 **石室**　）の中の壁全面に色鮮やかな絵や模様が描かれています。現在は完全に密封されており春と秋に公開されます。	（16 **水城跡**　）は福岡県太宰府市・大野城市・春日市にまたがってつくられたお城の跡です。664年に（17 **朝鮮半島**　）の国からの侵略を防ぐためにつくられました。	（18 **太宰府跡**　）は福岡県太宰府市にあったお役所の跡地です。（19 **中国**　）や朝鮮の国からの人々を迎える日本の玄関の役割がありました。	**厳島に行きました。海の中に鳥居が立つ，すばらしい景色に驚きました。王塚古墳に行ってみたいです。中の石室の色鮮やかな壁画を見てみたいです。**

知っ得！ 太宰府跡の近くにある太宰府天満宮は学問の神様と呼ばれる「菅原道真」をまつっている神社です。年間1,000万人の参拝者が訪れています。

古いものまるわかりワーク⑦

わたしたちの国の中で歴史上価値が高いもの「特別史跡」を調べてまとめよう

名前

❶覚えよう！	❷覚えよう！	❸覚えよう！	❹覚えよう！	❺覚えよう！
（1　　　　　）は福岡県太宰府市，大野城市などにまたがる四王寺山に築かれたお城の跡です。665年につくられ全長8kmにわたる石垣で囲まれています。	（2　　　　　）は福岡県と佐賀県にまたがる基山に665年に築かれた古代のお城です。（3　　　　）半島の国からの侵略を防ぐために築かれました。	（4　　　　　）は佐賀県吉野ヶ里町と神埼市にまたがる（5　　　　）時代の大規模な遺跡です。日本がまだできる前の大きなクニだったと言われています。	（6　　　　　）は佐賀県唐津市にあったお城の跡地です。豊臣秀吉が（3 ）半島を侵略するための基地としてつくらせたお城です。	（7　　　　　）は長崎県対馬市にあったお城の跡地です。667年に築かれたお城で，大野城や基肄城と同じく（3 ）半島の国からの侵略を防ぐためのものです。
❻覚えよう！	❼覚えよう！	❽覚えよう！	❾覚えよう！	❿チャレンジ✓ 17）行ったことがある史跡はありますか？　また，行ってみたい史跡はどこですか？
（8　　　　　）は長崎県壱岐市にある（9　　　）時代の遺跡です。（10　　　　）の歴史書にも登場する一支国（いきこく）の王都と言われています。	（11　　　　　）は熊本県熊本市に築かれた安土桃山時代のお城の跡です。天守は1960年に復元され観光名所でしたが2016年の（12　　　）で大きく被災しました。	（13　　　　　）は大分県臼杵市にある岩壁を削ってつくられた仏像です。鎌倉時代につくられたと言われ，九州で最初の（14　　　　）に指定されました。	（15　　　　　）は宮崎県西都市にあるお墓の集まった遺跡です。（16　　　）以上の古墳が集まっており，大きなクニがあったと思われます。	

ヒント　西都原古墳群／大野城跡／金田城跡／臼杵磨崖仏／朝鮮／弥生／中国／国宝／300／吉野ヶ里遺跡／基肄城跡／熊本城跡／名護屋城跡／原の辻遺跡／地震／弥生

4年社会科ワークNo.43（古いものを守る⑦）

古いものまるわかりワーク⑦

わたしたちの国の中で歴史上価値が高いもの「特別史跡」を調べてまとめよう

解答A

❶覚えよう！	❷覚えよう！	❸覚えよう！	❹覚えよう！	❺覚えよう！
（1 **大野城跡**　）は福岡県太宰府市，大野城市などにまたがる四王寺山に築かれたお城の跡です。665年につくられ全長8kmにわたる石垣で囲まれています。	（2 **基肄城跡**　）は福岡県と佐賀県にまたがる基山に665年に築かれた古代のお城です。（3 **朝鮮**　）半島の国からの侵略を防ぐために築かれました。	（4 **吉野ヶ里遺跡**　）は佐賀県吉野ヶ里町と神埼市にまたがる（5 **弥生**　）時代の大規模な遺跡です。日本がまだできる前の大きなクニだったと言われています。	（6 **名護屋城跡**　）は佐賀県唐津市にあったお城の跡地です。豊臣秀吉が（3　）半島を侵略するための基地としてつくらせたお城です。	（7 **金田城跡**　）は長崎県対馬市にあったお城の跡地です。667年に築かれたお城で，大野城や基肄城と同じく（3　）半島の国からの侵略を防ぐためのものです。
❻覚えよう！	❼覚えよう！	❽覚えよう！	❾覚えよう！	❿チャレンジ✓ 17）行ったことがある史跡はありますか？　また，行ってみたい史跡はどこですか？
（8 **原の辻遺跡**　）は長崎県壱岐市にある（9 **弥生**　）時代の遺跡です。（10 **中国**　）の歴史書にも登場する一支国（いきこく）の王都と言われています。	（11 **熊本城跡**　）は熊本県熊本市に築かれた安土桃山時代のお城の跡です。天守は1960年に復元され観光名所でしたが2016年の（12 **地震**　）で大きく被災しました。	（13 **臼杵磨崖仏**　）は大分県臼杵市にある岩壁を削ってつくられた仏像です。鎌倉時代につくられたと言われ，九州で最初の（14 **国宝**　）に指定されました。	（15 **西都原古墳群**　）は宮崎県西都市にあるお墓の集まった遺跡です。（16 **300**　）以上の古墳が集まっており，大きなクニがあったと思われます。	**吉野ヶ里遺跡に行ったことがあります。とても広くて，見ごたえがありました。首のない人骨に驚きました。熊本城に行ってみたいです。お城の復興の様子を調べてみたいです。**

知っ得！　大野城も基肄城も金田城も663年に朝鮮半島で，九州の「倭」と朝鮮の百済の連合国が唐や新羅という国と，戦争を行ったことでできた古いお城です。

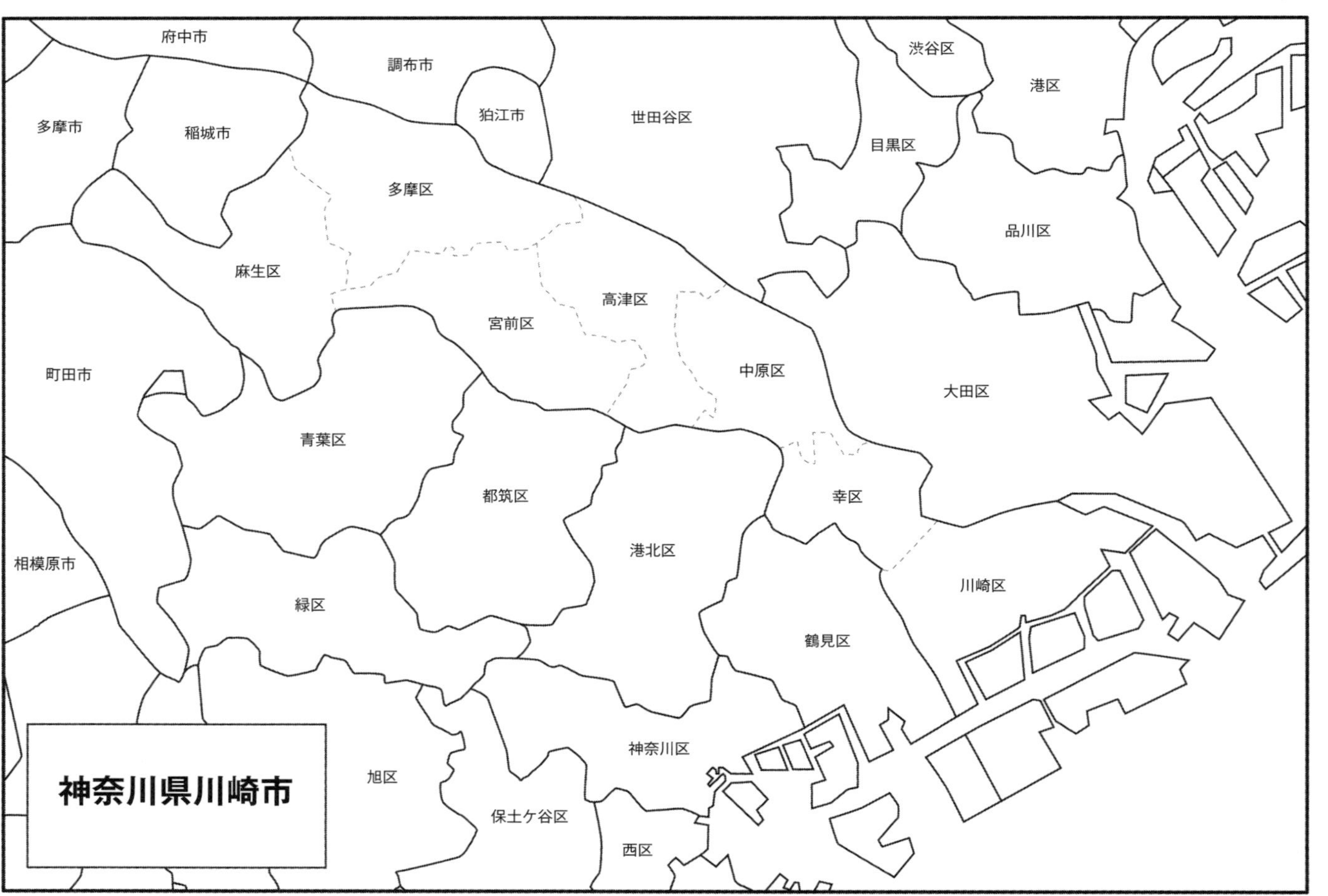
府中市
調布市
狛江市
世田谷区
渋谷区
港区
多摩市
稲城市
目黒区
多摩区
品川区
麻生区
高津区
宮前区
中原区
町田市
大田区
青葉区
都筑区
幸区
港北区
相模原市
川崎区
緑区
鶴見区
神奈川区
旭区
保土ケ谷区
西区
神奈川県川崎市

3・4年

第9章

図解編

小学校社会科においては，社会的事象について，位置や空間的な広がりで着目すること（地図），時期や時間の経過で着目すること（一日の流れ），事象や人々の相互関係などに着目すること（図解）を捉え，比較・分類したり総合したり，地域の人々や国民の生活と関連づけたりすることが大切です。

3・4年社会科ワークNo.44（図解：消防署）

消防署の一日まるわかりワーク

消防士の一日の仕事の様子を調べてまとめよう

名前

8：00	10：00	12：00	14：00	16：00	18：00	20：00	22：00	0：00	2：00	4：00	6：00	8：00

8：30　勤務スタート

前の日から仕事をしている隊員と交代します。翌日の朝まで（1　　）時間勤務します。

8：45　点検

消防車や消防車に積んである（2　　）などに異常がないか確認します。

9：30　係ごとの仕事

スーパーや学校などに行き，（3　　　　　　）の立入検査を行います。

13：00　訓練

どのような（4　　　　）が起きても対応できるよう様々な訓練を行います。

17：00　庁舎内の清掃

消防署の中を全員で協力して清掃します。

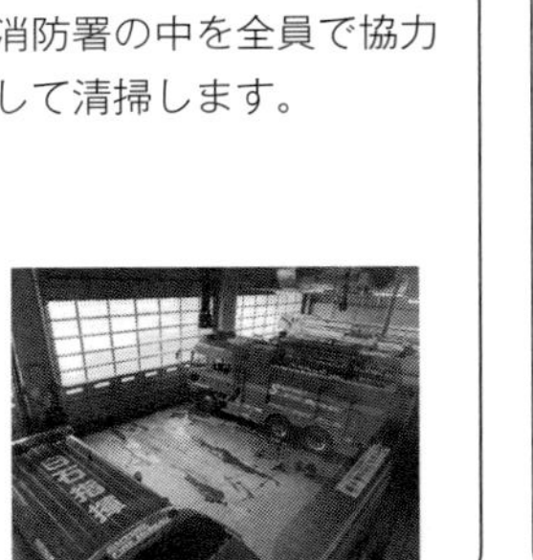

18：30　係ごとの仕事

その日に実施した訓練を書類にまとめたり，立入検査の報告書を作成したりします。

また，火災防御や救助活動の（5　　　　　）もしています。

20：30　トレーニング

体力を向上させるために，筋力トレーニングなどを行います。

消防士は体力がないと，災害で苦しむ人々を（6　　　）することができません。

22：00　仮眠

（7　　　　　　）で体を休めます。いつ災害が起こるかわからないので，（8　　　　　）ごとに交代で仮眠をします。火災や救急の際にはすぐに出動します。

6：30　車両清掃

消防車の手入れをして，きれいな状態で次の部に引継ぎます。

8：30　交代

丸一日勤務して交代です。家に帰って体を休めますが，災害があると家からかけつけます。このような日を（9　　　　　）と言います。

消防士の一日の仕事の様子を調べてまとめよう

8：00	10：00	12：00	14：00	16：00	18：00	20：00	22：00	0：00	2：00	4：00	6：00	8：00

8：30　勤務スタート
前の日から仕事をしている隊員と交代します。翌日の朝まで（1 **24**）時間勤務します。

8：45　点検
消防車や消防車に積んである（2 **道具**）などに異常がないか確認します。

9：30　係ごとの仕事
スーパーや学校などに行き，（3 **消防設備**　　）の立入検査を行います。

13：00　訓練
どのような（4 **災害**　）が起きても対応できるよう様々な訓練を行います。

17：00　庁舎内の清掃
消防署の中を全員で協力して清掃します。

18：30　係ごとの仕事
その日に実施した訓練を書類にまとめたり，立入検査の報告書を作成したりします。
また，火災防御や救助活動の（5 **勉強**　　）もしています。

20：30　トレーニング
体力を向上させるために，筋力トレーニングなどを行います。
消防士は体力がないと，災害で苦しむ人々を（6 **救助**　）することができません。

22：00　仮眠
（7 **仮眠室**　　）で体を休めます。いつ災害が起こるかわからないので，（8 **2時間**　　）ごとに交代で仮眠をします。火災や救急の際にはすぐに出動します。

6：30　車両清掃
消防車の手入れをして，きれいな状態で次の部に引継ぎます。

8：30　交代
丸一日勤務して交代です。家に帰って体を休めますが，災害があると家からかけつけます。このような日を（9 **非番**　　）と言います。

3･4年社会科ワークNo.45（図解：警察官）

警察官の一日まるわかりワーク

警察官の一日の仕事の様子を調べてまとめよう

名前

8：00	10：00	12：00	14：00	16：00	18：00	20：00	22：00	0：00	2：00	4：00	6：00	8：00

8：00　出勤
朝，（1　　　　）に出勤します。着替え・装備品（2　　），警棒，手錠などを身に着けます。

9：00　（3　　）へ移動
警察署で指示を受けた後，（3 ）へ移動し，前日の勤務員から（4　　）を受けます。

10：00　巡回連絡
地域の各（5　　　　）や事業所などを訪問し，住民の意見や要望を聞き取ります。

13：00　パトロール
（6　　　　　　）指導の取り締まりや職務質問などを行います。

14：00　在所勤務
（3 ）でなくしたもの，落とし物の手続きや犯罪の被害届を受理したり，（7　　　　　　　）をしたりします。

18：00　事件処理
交通事故などの通報が入ると現場に行き，実況見分や（8　　　　　　）の捜査を行います。

20：00　書類作成
事件の報告書など，書類作成などの事務処理を行います。

22：00　仮眠
（3 ）で体を休めます。いつ事件が起こるかわからないので，（9 ）時間ごとに交代で仮眠をします。

7：00　立番勤務
早朝に通勤や（10　　）の安全を見守る立番を行います。

9：00　交代
次の当番の警察官が出勤したら勤務の交代です。当番中に対応した事案の情報を伝えて（1 ）に戻り，事件や落とし物などの書類の提出を行います。その後は自宅へ帰り，いつでも勤務できる気持ちで休む（11　　　　）になります。

警察官の一日の仕事の様子を調べてまとめよう

8：00	10：00	12：00	14：00	16：00	18：00	20：00	22：00	0：00	2：00	4：00	6：00	8：00

8：00　出勤
朝，（1 **警察署**）に出勤します。着替え・装備品（2 **拳銃**），警棒，手錠などを身に着けます。

9：00　（3 交番）へ移動
警察署で指示を受けた後，（3 ）へ移動し，前日の勤務員から（4 **引継ぎ**　）を受けます。

10：00　巡回連絡
地域の各（5 **家庭**　）や事業所などを訪問し，住民の意見や要望を聞き取ります。

13：00　パトロール
（6 **交通**　）指導の取り締まりや職務質問などを行います。

14：00　在所勤務
（3 ）でなくしたもの，落とし物の手続きや犯罪の被害届を受理したり，（7 **道案内**　）をしたりします。

18：00　事件処理
交通事故などの通報が入ると現場に行き，実況見分や（8 **聞き込み**　）の捜査を行います。

20：00　書類作成
事件の報告書など，書類作成などの事務処理を行います。

22：00　仮眠
（3 ）で体を休めます。いつ事件が起こるかわからないので，（9 **4**）時間ごとに交代で仮眠をします。

7：00　立番勤務
早朝に通勤や（10 **通学**）の安全を見守る立番を行います。

9：00　交代
次の当番の警察官が出勤したら勤務の交代です。当番中に対応した事案の情報を伝えて（1 ）に戻り，事件や落とし物などの書類の提出を行います。その後は自宅へ帰り，いつでも勤務できる気持ちで休む（11 **非番**　）になります。

3･4年社会科ワークNo.46（図解：浄水場）

水道水が家に届くまでまるわかりワーク

水道水が家に届くまでを調べてまとめよう

名前

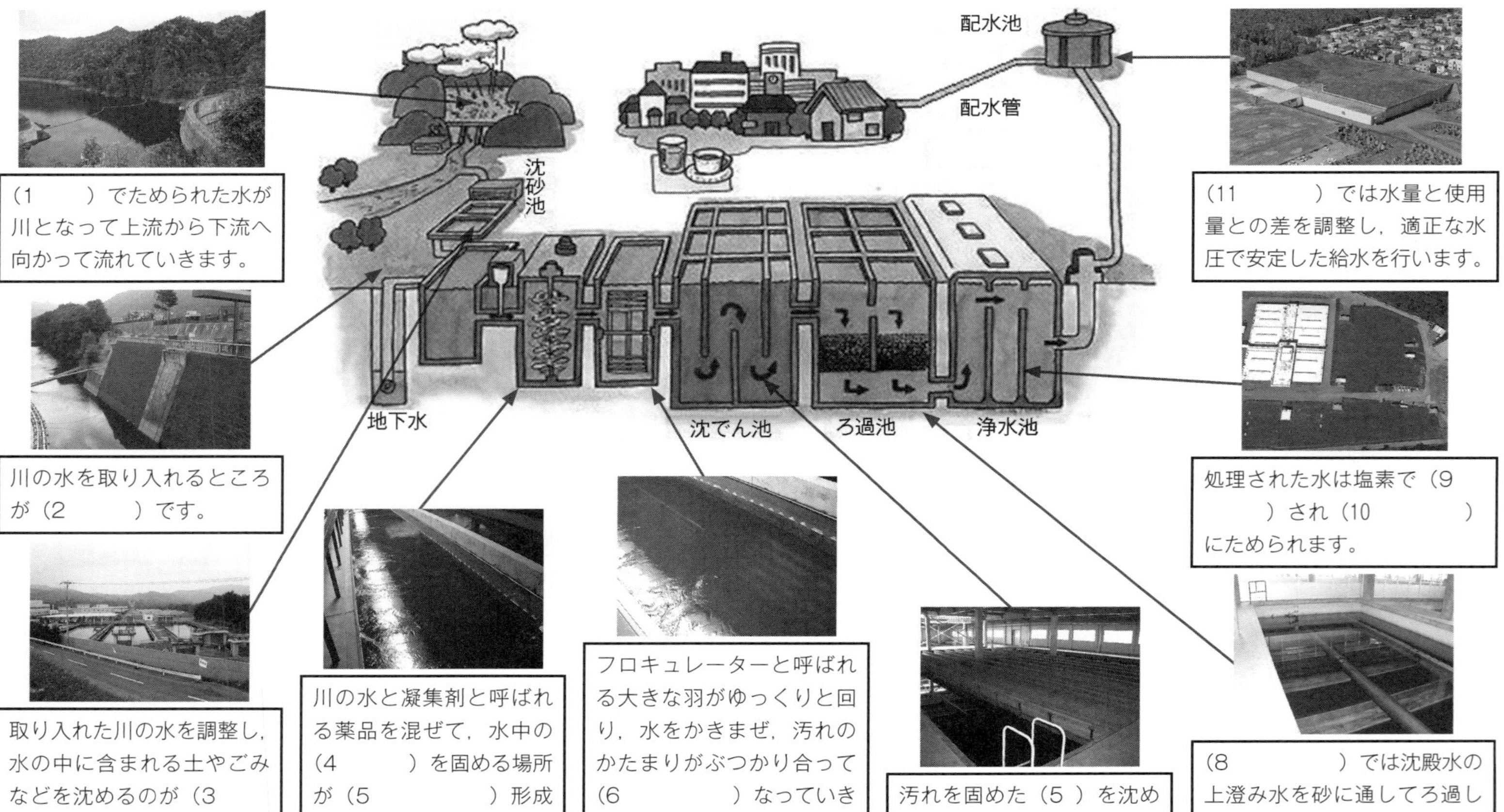

（1　　）でためられた水が川となって上流から下流へ向かって流れていきます。

川の水を取り入れるところが（2　　　）です。

取り入れた川の水を調整し，水の中に含まれる土やごみなどを沈めるのが（3　　　）です。

川の水と凝集剤と呼ばれる薬品を混ぜて，水中の（4　　　）を固める場所が（5　　　　　）形成池です。

フロキュレーターと呼ばれる大きな羽がゆっくりと回り，水をかきまぜ，汚れのかたまりがぶつかり合って（6　　　　）なっていきます。

汚れを固めた（5 ）を沈める場所が（7　　　）です。

（8　　　　　）では沈殿水の上澄み水を砂に通してろ過します。

処理された水は塩素で（9　　　）され（10　　　　）にためられます。

（11　　　　）では水量と使用量との差を調整し，適正な水圧で安定した給水を行います。

※イラスト：川西市上下水道局提供

水道水が家に届くまでを調べてまとめよう

解答Ａ

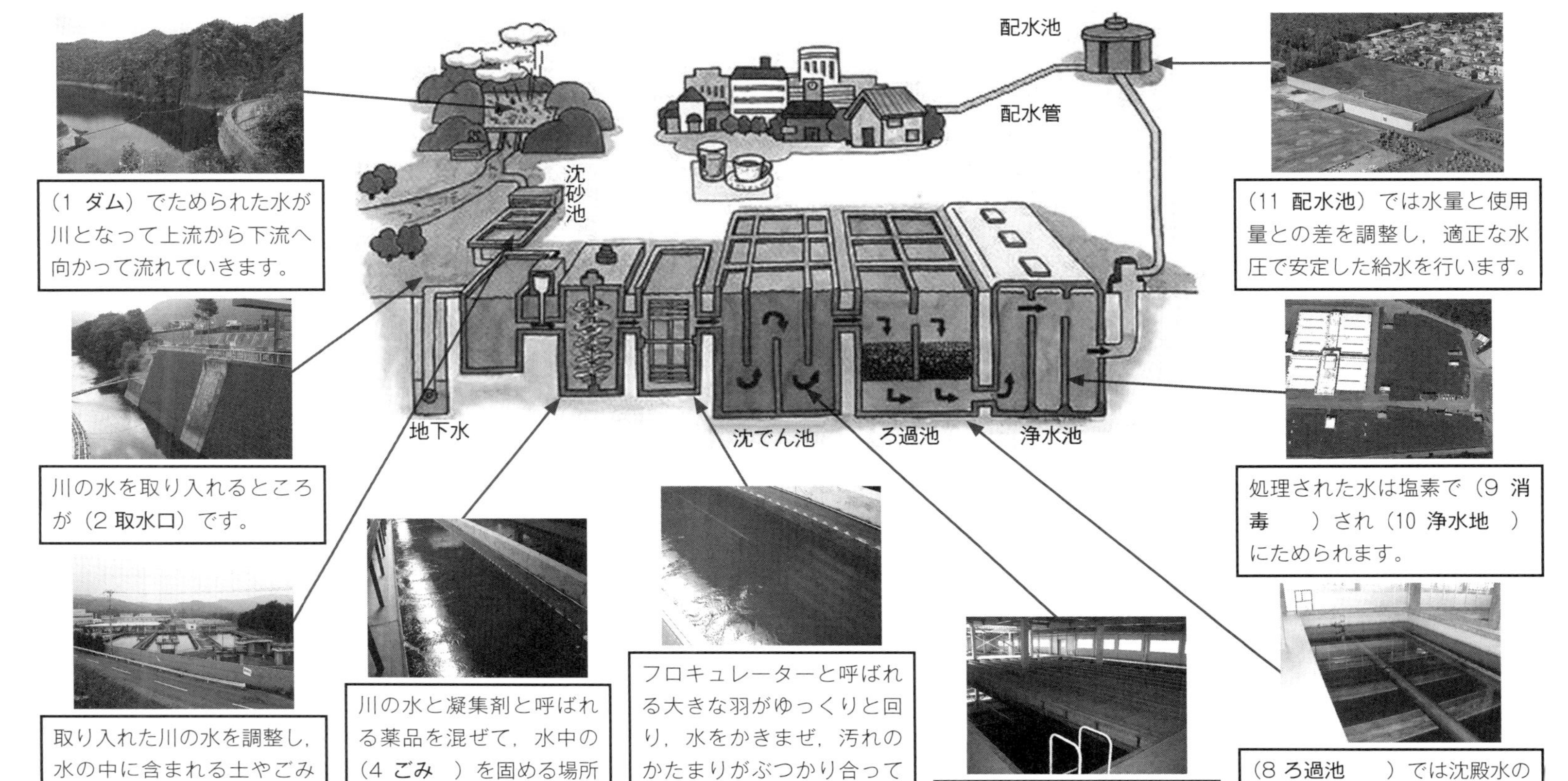

（1 **ダム**）でためられた水が川となって上流から下流へ向かって流れていきます。

川の水を取り入れるところが（2 **取水口**）です。

取り入れた川の水を調整し，水の中に含まれる土やごみなどを沈めるのが（3 **沈砂池**　）です。

川の水と凝集剤と呼ばれる薬品を混ぜて，水中の（4 **ごみ**　）を固める場所が（5 **フロック**　）形成池です。

フロキュレーターと呼ばれる大きな羽がゆっくりと回り，水をかきまぜ，汚れのかたまりがぶつかり合って（6 **大きく**　　）なっていきます。

汚れを固めた（5 ）を沈める場所が（7 **沈殿池**）です。

（8 **ろ過池**　　）では沈殿水の上澄み水を砂に通してろ過します。

処理された水は塩素で（9 **消毒**　　）され（10 **浄水地**　）にためられます。

（11 **配水池**）では水量と使用量との差を調整し，適正な水圧で安定した給水を行います。

※イラスト：川西市上下水道局提供

汚水がきれいになるまでを調べてまとめよう

名前

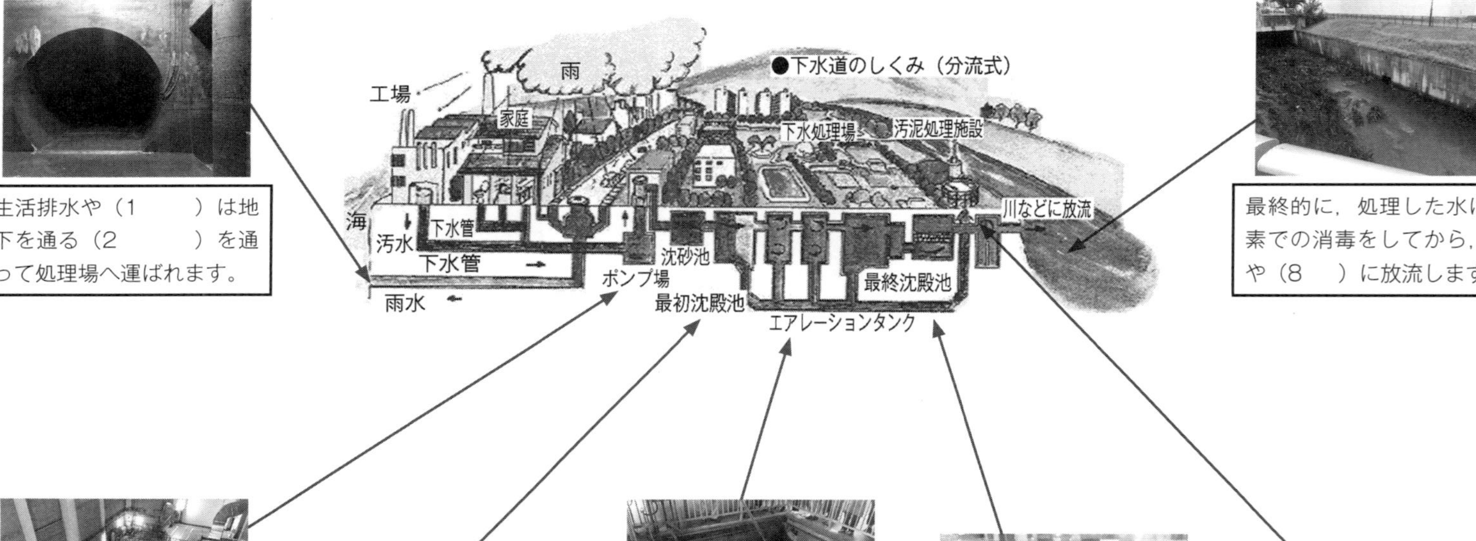

生活排水や（1　　　）は地下を通る（2　　　）を通って処理場へ運ばれます。

最終的に，処理した水は塩素での消毒をしてから，海や（8　）に放流します。

下水管は勾配がついていて，水は坂を流れるように処理場に集まってきます。その後（3　　　　　）で汲み上げます。

（4　　　　　　）では，ゆっくりと汚水を流して，細かい汚れを底に沈めます。

反応タンクは汚水をきれいにする（5　　　　　）が住んでいる池です。常に空気が送られ，元気な（5）が汚れを食べてくれます。

（6　　　　　　）では，汚れを食べて大きくなった（5）を底に沈め上澄みのきれいな水を取り出します。

高度処理施設では，処理した水は薬で消毒し，さらに砂で（7　　　　）します。

汚水がきれいになるまでを調べてまとめよう

解答 A

生活排水や（1 **雨水**）は地下を通る（2 **下水管**）を通って処理場へ運ばれます。

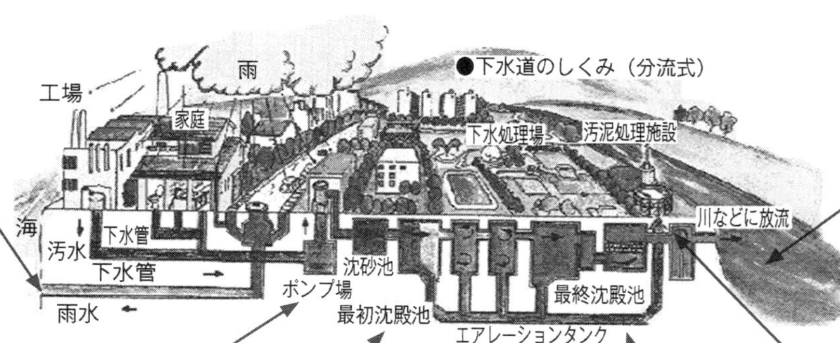

最終的に，処理した水は塩素での消毒をしてから，海や（8 **川**）に放流します。

下水管は勾配がついていて，水は坂を流れるように処理場に集まってきます。その後（3 **ポンプ**　　）で汲み上げます。

（4 **最初沈澱池**　　）では，ゆっくりと汚水を流して，細かい汚れを底に沈めます。

反応タンクは汚水をきれいにする（5 **微生物**　　）が住んでいる池です。常に空気が送られ，元気な（5 ）が汚れを食べてくれます。

（6 **最終沈殿池**　　）では，汚れを食べて大きくなった（5 ）を底に沈め上澄みのきれいな水を取り出します。

高度処理施設では，処理した水は薬で消毒し，さらに砂で（7 **ろ過**　　）します。

3・4年社会科ワークNo.48（図解：ごみのゆくえ）

ごみはどこへまるわかりワーク

ごみがどのように処理されているのかを調べてまとめよう

名前

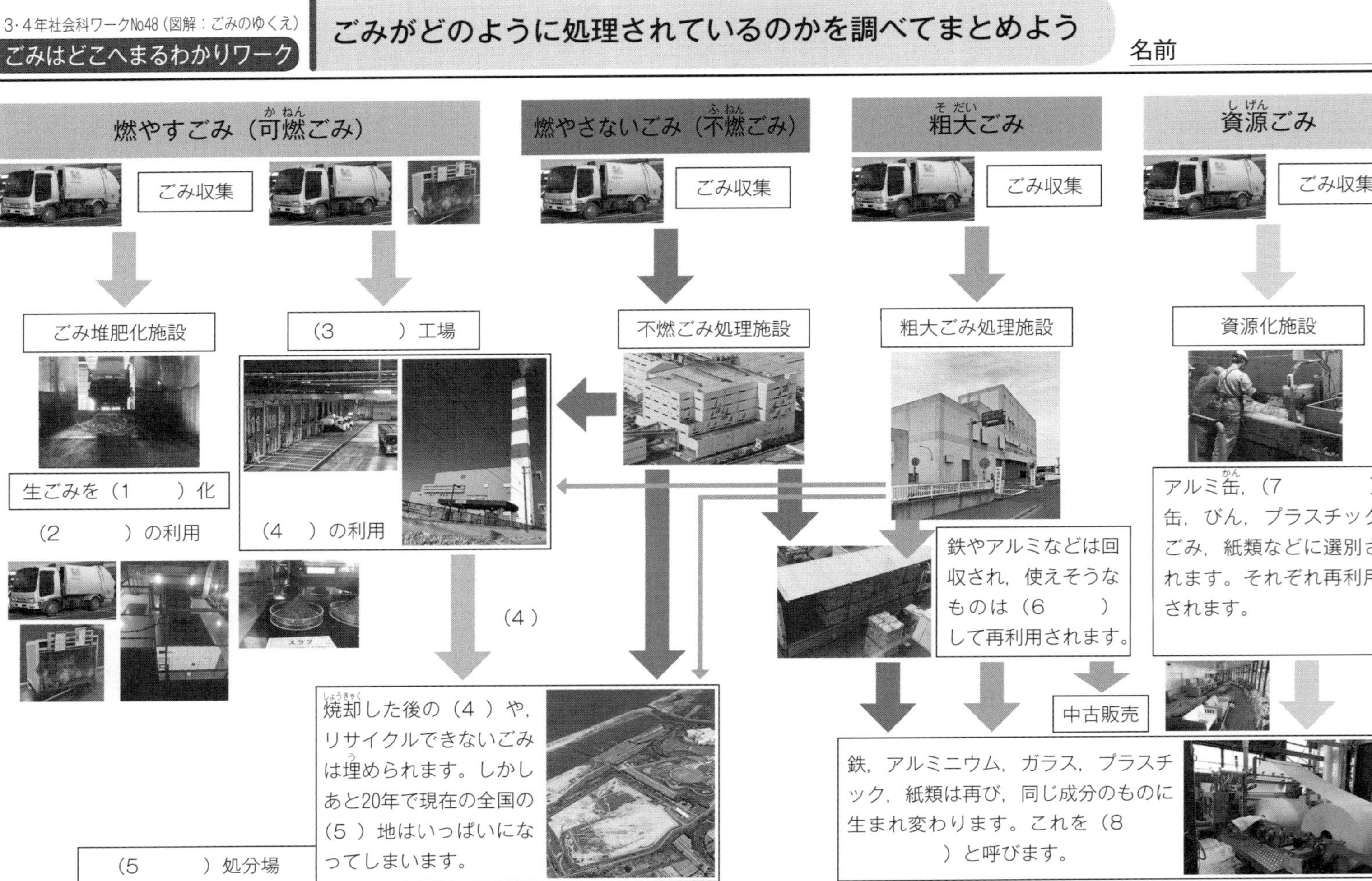

3·4年社会科ワークNo.48（図解：ごみのゆくえ）
ごみはどこへまるわかりワーク

ごみがどのように処理されているのかを調べてまとめよう

解答 A

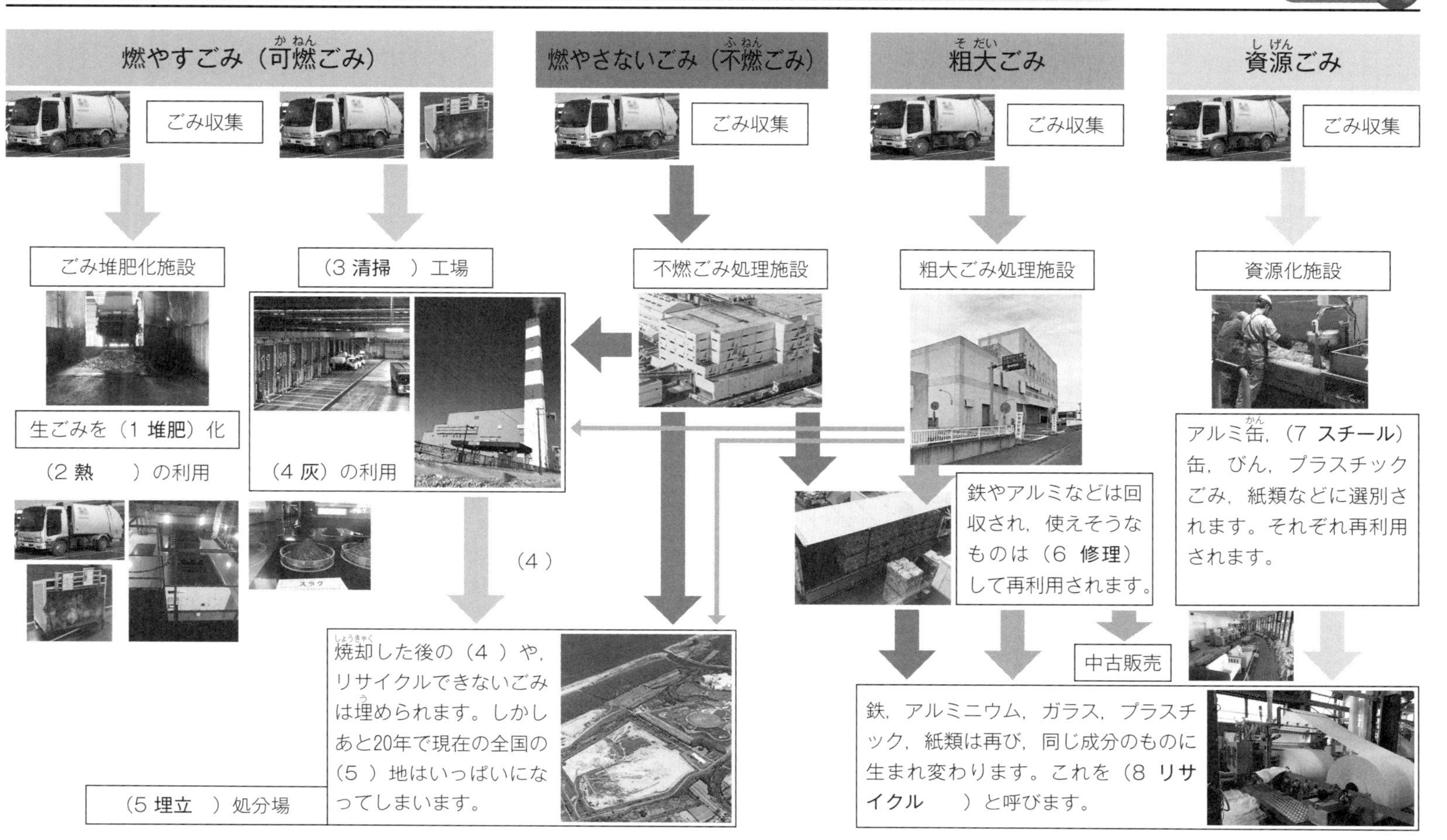

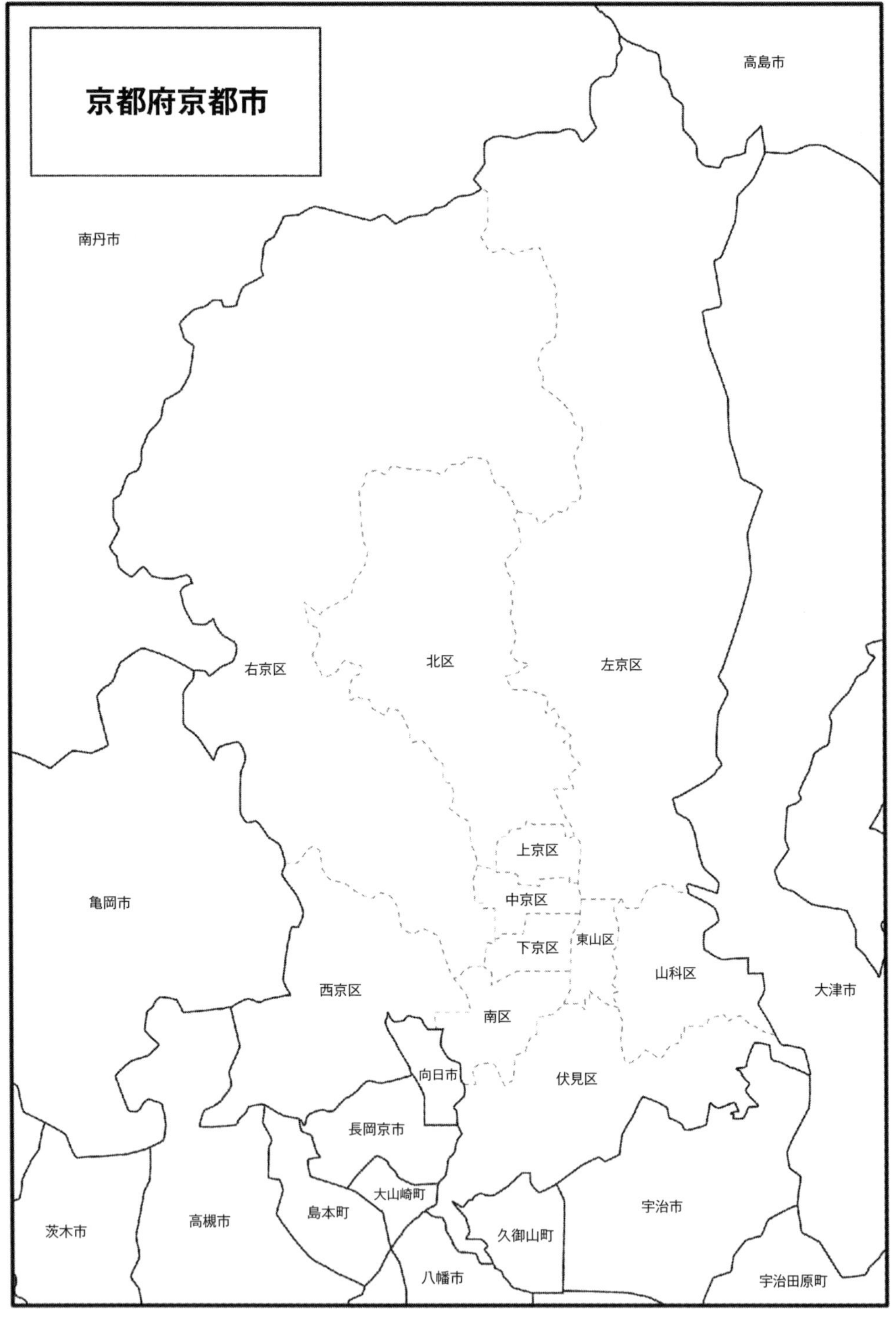
京都府京都市
高島市
南丹市
北区
左京区
右京区
上京区
中京区
東山区
下京区
亀岡市
山科区
大津市
西京区
南区
向日市
伏見区
長岡京市
大山崎町
島本町
宇治市
高槻市
茨木市
久御山町
八幡市
宇治田原町

第10章

付録編

自分たちで問題作成できる「問題づくりシート」と
取り組んだワークを記録できる「自己採点シート」をご活用ください。

3・4年社会科

社会科問題づくりシート

穴埋めや選択肢(せんたくし)を使って問題をつくってみよう

名前

❶	❷	❸	❹	❺
① ② ③	① ② ③	① ② ③	① ② ③	① ② ③
❻	❼	❽	❾	❿ チャレンジ✓
① ② ③	① ② ③	① ② ③	① ② ③	① ② ③

パターン　上段に問題，下段に選択肢を書き入れましょう。また，３つの穴うめ問題でもいいです。

3・4年社会科

社会科問題づくりシート

穴埋めや選択肢を使って問題をつくってみよう

名前

❶	❷	❸	❹	❺
❻	❼	❽	❾	❿ チャレンジ✓

パターン 上段に資料などを入れて，下段に穴うめ問題をつくりましょう。

自己採点シート

名前＿＿＿＿＿＿＿＿

問題番号	回目	回目	回目	回目	回目	回目	回目	回目
地図編								
01 地図記号								
02 標高								
03 町の様子								
はたらく人編								
04 スーパーマーケット①								
05 スーパーマーケット②								
06 いろいろなお店								
07 農家の仕事								
08 工場の仕事①								
09 工場の仕事②								
くらしを守る編								
10 消防の仕事①								
11 消防の仕事②								
12 警察の仕事①								
13 警察の仕事②								
市の移り変わり編								
14 市の移り変わり								
15 昔の道具								
都道府県編								
16 都道府県								
17 都道府県の形①								
18 都道府県の形②								
19 都道府県の形③								
20 都道府県の形④								
21 特産物①（東日本）								
22 特産物②（西日本）								
住みよいくらしをつくる編								
23 水のゆくえ①								
24 水のゆくえ②								

自己採点シート

名前

問題番号	回目	回目	回目	回目	回目	回目	回目	回目
25 水のゆくえ③								
26 ごみのゆくえ①								
27 ごみのゆくえ②								
28 電気								
29 ガス								
自然災害から人々を守る編								
30 自然災害：地震								
31 自然災害：風水害								
特色ある地域編								
32 現存12天守								
33 美しい景観①								
34 美しい景観②								
35 美しい景観③								
36 美しい景観④								
37 古いものを守る①								
38 古いものを守る②								
39 古いものを守る③								
40 古いものを守る④								
41 古いものを守る⑤								
42 古いものを守る⑥								
43 古いものを守る⑦								
図解編								
44 図解：消防署								
45 図解：警察官								
46 図解：浄水場								
47 図解：下水処理場								
48 図解：ごみのゆくえ								

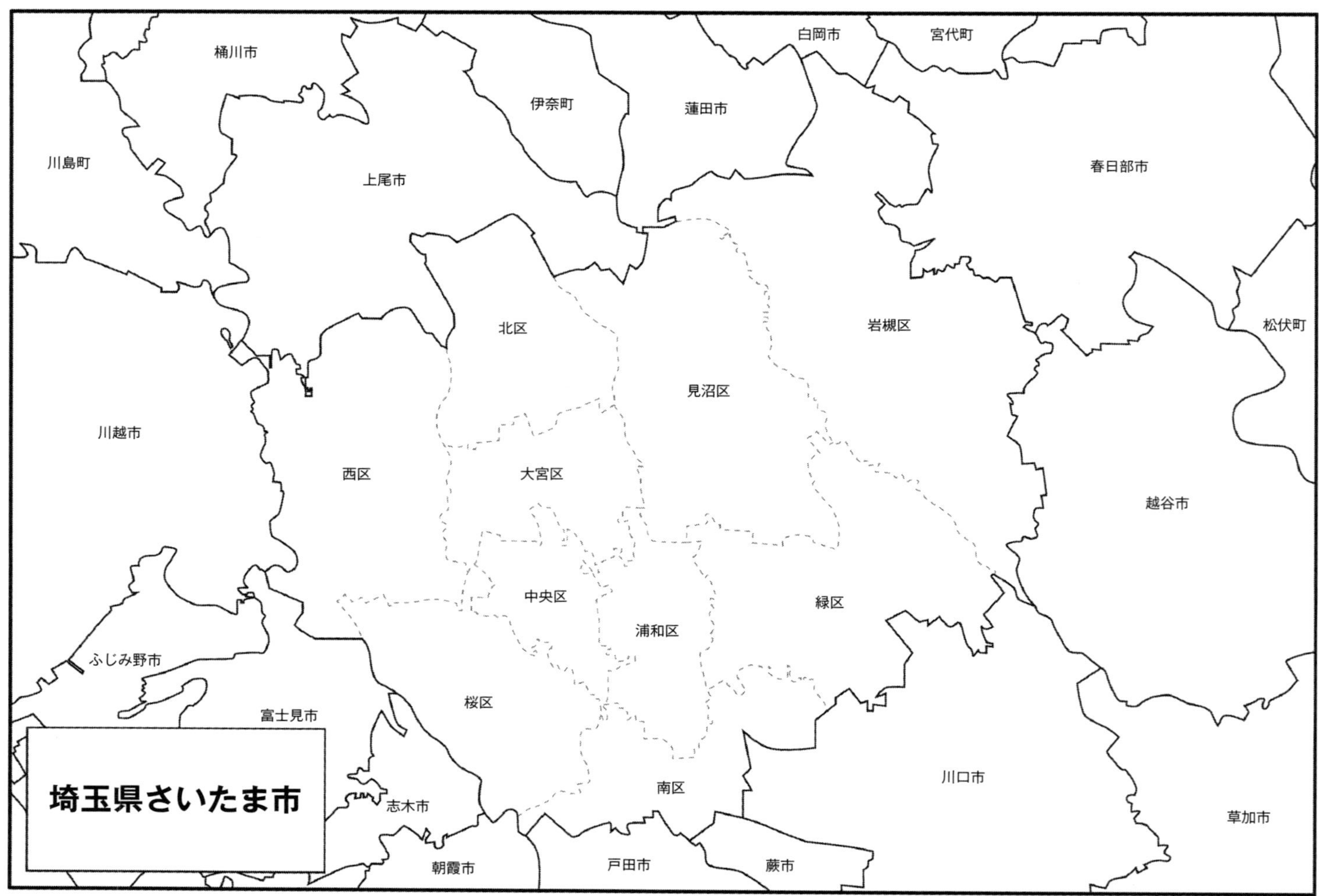
桶川市
白岡市
宮代町
伊奈町
蓮田市
川島町
上尾市
春日部市
北区
岩槻区
松伏町
見沼区
川越市
西区
大宮区
越谷市
中央区
緑区
浦和区
ふじみ野市
桜区
富士見市
埼玉県さいたま市
川口市
南区
志木市
草加市
朝霞市
戸田市
蕨市

おわりに

昨今，テレビのゴールデンタイムはほとんどが「クイズ番組」ではないでしょうか？　曜日によっては19時からのクイズ番組が終わると，20時からまたクイズ番組が始まることもあります。視聴率がとれているのでしょうね。見ている人がたくさんいるということは，国民は「クイズを解く，問題を解く」ことを好んでいるのでしょう。何より，私も大好きです。本来，人は問題を解くことが大好きなんだと思います。クイズとかなぞなぞとか，そういった遊びは普遍的です。

そう考えると，勉強で取り組む「問題」も楽しく取り組むことができるはずです。しかし，現実はどうでしょう？　問題プリントを配ると，「え～」とがっかりする子どもたちが多くはないでしょうか？　その大きな要因は，「点数化」と「成績」です。問題の「出来」によって，すぐに評価されてしまうことが，子どもたちを「問題嫌い」にさせてしまっています。

「教室は間違える場所だ」などと言いながら，実際には間違えると点数が下がります。すると評価も下がります。先生は「この問題は授業でやったでしょ」と言い，親は「この点数は何！」としかります。これでは，問題嫌いになるのは当然です。

私は子どもたちにもっと楽しく問題を解いてほしいと思っています。わからなくても，答えを見て「そういうことかぁ」と笑顔で直す子どもになってほしいと思います。プリントが間違いだらけで真っ赤になっても，「今日はいろんなことがわかったな」と感じるような授業を行ってほしいと思っています。そしていつの日か全問正解することを目指して，何度も取り組むことが「主体的な学び」につながると考えています。

また，問題づくりにもたくさん取り組んでほしいです。自分がつくった難問，引っ掛け問題，意地悪問題を友達に出題して，悩む友達を見て満足する表情が見たいです。その問題を，打ち破り正答する友達の表情が見たいです。そんな仲間との対話が生まれる学びをもっと授業に取り入れられないかなと思い，この書籍を執筆しました。子どもたちの悩む姿に期待しています。

今年からプログラミング教育もスタートします。プログラミングで問題づくりなんかもできそうです。【①問題を提示する，②選択肢を提示する，③アを選んだ場合は「正解」を提示し，イを選んだ場合は「不正解」を提示する】といったプログラムは簡単につくれます。

まずは，間違えることを楽しむ子どもたちを育ててください。点数化して成長をとめるのではなく，やり直しして成長するように本書を活用していただければ幸いです。

最後に本書発行の機会を与えてくださった明治図書の及川誠さん，校正の杉浦佐和子さんに感謝を申し上げます。

朝倉一民

【参考・引用】

〔章間白地図〕白地図専門店（https://www.freemap.jp/）

【著者紹介】

朝倉　一民（あさくら　かずひと）

北海道札幌市立発寒南小学校教頭。2009年日教弘教育賞全国奨励賞受賞（個人部門），2010年・2011年全日本小学校 HP 大賞都道府県優秀校受賞，2014年日教弘全国最優秀賞受賞（学校部門・執筆），2015年パナソニック教育財団実践研究助成優秀賞受賞，2016年北海道 NIE 優秀実践報告受賞

【所属・資格】北海道社会科教育連盟，北海道雪プロジェクト，北海道 NIE 研究会，IntelMasterTeacher，NIE アドバイザー，文科省 ICT 活用教育アドバイザー

【単著】『子ども熱中！　小学社会「アクティブ・ラーニング」授業モデル』（明治図書）

『主体的・対話的で深い学びを実現する！　板書＆展開例でよくわかる　社会科授業づくりの教科書』シリーズ（明治図書）

【共著】『授業づくりとメディアの活用』（ジャストシステム），『THE 見える化』『THE 学級開きネタ集』（以上，明治図書）

主体的・対話的で深い学びを実現する！
社会科授業ワーク大全　3・4年

2020年9月初版第1刷刊　©著　者　朝　倉　一　民
発行者　藤　原　光　政
発行所　明治図書出版株式会社
http://www.meijitosho.co.jp
（企画）及川　誠（校正）杉浦佐和子
〒114-0023　東京都北区滝野川7-46-1
振替00160-5-151318　電話03(5907)6703
ご注文窓口　電話03(5907)6668

＊検印省略　組版所　藤　原　印　刷　株　式　会　社

Printed in Japan　ISBN978-4-18-333419-0

小学校　新学習指導要領
社会の授業づくり

改訂のキーマンが，新CSの授業への落とし込み方を徹底解説！

澤井陽介 著　【1126】四六判　1，900円＋税

資質・能力，主体的・対話的で深い学び，社会的な見方・考え方，問題解決的な学習…など，様々な新しいキーワードが提示された新学習指導要領。それらをどのように授業で具現化すればよいのかを徹底解説。校内研修，研究授業から先行実施まで，あらゆる場面で活用できる１冊！

中学校　新学習指導要領
社会の授業づくり

改訂のキーマンが，新CSの授業への落とし込み方を徹底解説！

原田智仁 著　【2866】Ａ５判　1，800円＋税

資質・能力，主体的・対話的で深い学び，見方・考え方，評価への取り組み…など，様々な新しいキーワードが提示された新学習指導要領。それらをどのように授業で具現化すればよいのかを徹底解説。校内研修，研究授業から先行実施まで，あらゆる場面で活用できる１冊！

社会科授業サポートBOOKS　小学校社会科
「新内容・新教材」指導アイデア
「重点単元」授業モデル

「重点単元」「新教材・新内容」の授業づくりを完全サポート！

北　俊夫 編著【2148，2329】
Ａ５判　2，000円＋税

平成29年版学習指導要領「社会」で示された「新内容・新教材」「重複単元」について，「主体的・対話的で深い学び」の視点からの教材研究＆授業づくりを完全サポート。キーワードのQ＆A解説と具体的な指導計画＆授業モデルで，明日からの授業づくりに役立つ必携バイブルです。

主体的・対話的で深い学びを実現する！
板書＆展開例でよくわかる
社会科　3·4年　5年　6年
授業づくりの教科書

1年間365日の社会科授業づくりを完全サポート！

朝倉一民 著

3·4年【2285】Ｂ５判　2，200円＋税
5年【2293】Ｂ５判　2，800円＋税
6年【2296】Ｂ５判　2，800円＋税

１年間の社会科授業づくりを板書＆展開例で完全サポート。①板書の実物写真②授業のねらいと評価③「かかわる・つながる・創り出す」アクティブ・ラーニング的学習展開④ＩＣＴ活用のポイントで各単元における社会科授業の全体像をまとめた授業づくりの教科書です。